GABRIELE AMORTH

O Evangelho de Maria

A MULHER QUE VENCEU O MAL

TRADUÇÃO
JULIANA AMATO BORGES

petra

Título original: *La mujer que venció al mal: el Evangelio de María*

Copyright © 2012 Edizioni San Paolo s.r.l. Piazza Soncino 5 – 20092 Cinisello Balsamo (Milano) – Itália. www.edizionisanpaolo.it

Direitos de edição da obra em língua portuguesa no Brasil adquiridos pela PETRA EDITORIAL LTDA. Todos os direitos reservados. Nenhuma parte desta obra pode ser apropriada e estocada em sistema de banco de dados ou processo similar, em qualquer forma ou meio, seja eletrônico, de fotocópia, gravação etc., sem a permissão do detentor do copirraite.

PETRA EDITORA
Av. Rio Branco, 115 — Salas 1201 a 1205 — Centro — 20040-004
Rio de Janeiro — RJ — Brasil
Tel.: (21) 3882-8200

Imagem de capa: Antonello da Messina, *Virgin Annunciate*, óleo sobre madeira, 1470. Galleria Regionale della Sicilia, Palermo, Itália.

Dados Internacionais de Catalogação na Publicação (CIP)

A524m   Amorth, Padre Gabriele

        O Evangelho de Maria: a mulher que venceu o mal/ Padre Gabriele Amorth; traduzido por Juliana Amato Borges. – 1 ed. – Rio de Janeiro: Petra, 2023
        168 p.; 13,5 x 20,8 cm

        ISBN: 978-65-88444-87-0

        Título original: *La mujer que venció al mal: el Evangelio de María*

        1. Cristianismo I. Borges, Juliana Amato . I I Título
                                              CDD: 230
                                              CDU: 27

André Queiroz – CRB-4/2242

CONHEÇA OUTROS LIVROS DA EDITORA:

Sumário

O silêncio de Maria | 7

Introdução do autor | 17

Primeiro dia: A mulher nova | 19

Segundo dia: Maria Santíssima | 23

Terceiro dia: Três vezes Virgem | 27

Quarto dia: Um matrimônio desejado por Deus | 32

Quinto dia: Exulta, alegra-te, desfruta | 36

Sexto dia: Duas mães e dois filhos | 41

Sétimo dia: O canto de alegria | 45

Oitavo dia: Como sofre um justo | 49

Nono dia: Esposos felizes unidos por Deus | 54

Décimo dia: Belém, a casa do plano | 59

Décimo primeiro dia: A fé dos pequenos | 64

Décimo segundo dia: O nome da salvação | 69

Décimo terceiro dia: Jesus oferecido ao Pai | 74

Décimo quarto dia: A homenagem dos pagãos | 79

Décimo quinto dia: O retorno ao lar | 84

Décimo sexto dia: Um menino impressionante | 88

Décimo sétimo dia: Um silêncio precioso | 93

Décimo oitavo dia: As bodas de Caná | 98

Décimo nono dia: No anonimato de Nazaré | 103

Vigésimo dia: Mulher, eis aí teu filho | 108

Vigésimo primeiro dia: O sábado, dia de Maria | 113

Vigésimo segundo dia: Fogo do céu | 117

Vigésimo terceiro dia: Eternamente glorificada | 121

Vigésimo quarto dia: Um grande sinal apareceu no céu | 126

Vigésimo quinto dia: Mãe da Igreja | 131

Vigésimo sexto dia: O coração imaculado de Maria | 136

Vigésimo sétimo dia: As aparições marianas | 141

Vigésimo oitavo dia: Eu me consagro a ti | 146

Vigésimo nono dia: Uma corrente de Ave-Marias | 151

Trigésimo dia: Mediadora de todas as graças | 156

Trigésimo primeiro dia: Mãe que reúne a família | 161

O silêncio de Maria

Maria é tão silenciosa que os evangelistas pouco falam da Mãe de Deus. Ela está inteiramente absorvida pela contemplação, pela adoração e pela oração. Ela se oculta em seu Filho, ela só existe para seu Filho. Ela desaparece em seu Filho.

Robert Sarah, *A força do silêncio: contra a ditadura do ruído*, n. 217

São Bernardo de Claraval repetia: *De Maria, nunca se dirá o suficiente*. A pregação mais apaixonada, a teologia mais elaborada e a arte mais excelsa não alcançam nem traduzem a grandeza de Nossa Senhora, indissociável do mistério da encarnação de seu Filho, Jesus Cristo, em quem estão "escondidos todos os tesouros da sabedoria e do conhecimento" (Col 2, 3). Pela experiência milenar dos santos, que plasmam e modelam a vida cristã, Maria é reconhecida como o caminho mais imediato e seguro a Cristo.

Ao escrever este quinto livro sobre Maria, o Padre Gabriele Amorth demonstra a incansável devoção de um filho a uma mãe tão generosa e encantadora, convidando-nos a meditar, expandir e aprofundar nosso conhecimento sobre ela, "a primeira redimida, a primeira discípula, a primeira colaboradora de seu Filho divino" (Introdução do autor).

Exorcista da Diocese de Roma, mais famoso ainda com o lançamento do filme *O exorcista do papa*, o Padre Gabriele (1925-2016) notabilizou-se pelo seu intenso trabalho de esclarecimento da ação do demônio no mundo, o que justifica o complemento do título deste livro: *a mulher que venceu o mal*. Seus livros são acessíveis, marcados pela clareza e objetividade de um talentoso didata, cuja erudição teológica está a serviço da piedade.

A divisão deste livro em 31 dias propõe um itinerário mensal de oração — como a bela obra de Gianfranco Ravasi, *Os rostos de Maria na Bíblia: trinta e um "ícones" bíblicos* —, percorrendo os fatos, os dogmas, as aparições e as devoções marianas e, ao cabo, convidando a uma reflexão pessoal espelhada na Virgem, súmula das virtudes cristãs.

Um dos maiores erros da mentalidade moderna contra a humanidade é o de querer abolir o significado do pecado e da presença de Satanás. Assim, ignora-se a redenção, que é a vitória de Cristo sobre o pecado e o demônio; deixa-se o homem mergulhar em sua própria miséria, sem ajuda para se levantar, a ser melhor, a recuperar a sua beleza original, de criatura feita à imagem de Deus. A Imaculada nos diz: sou assim pela graça de Cristo e pela minha correspondência a ela; também você, correspondendo à graça, deve aspirar a vencer o mal e a purificar-se cada vez mais. A Imaculada não é um ideal abstrato, formado simplesmente para contemplá-lo. É um modelo a ser imitado.

(Segundo dia — *Maria Santíssima*)

A fidelidade ao Magistério da Igreja é a âncora da verdadeira devoção mariana; sem ele, a fé pode se esfumaçar e confundir com sentimentos subjetivos e perspectivas unilaterais e fragmentadas. A Ortodoxia católica é um conjunto inteiriço de verdades organicamente articuladas e interdependentes, como a túnica inconsútil de Cristo, que foi sorteada sem ser rasgada e despedaçada (Jo 19,

23-24). Por isso, nosso autor não seleciona os mistérios marianos mais convenientes ou acessíveis, mas os expõe e defende todos com igual galhardia, da Imaculada Conceição à Assunção aos Céus, da Anunciação ao Pentecostes.

Numa época de grave crise doutrinal como a nossa, precisamos retomar os fundamentos e princípios da nossa fé, as razões da nossa esperança (1 Pe 1, 15). Por isso, este livro contribui para a apologética católica, a defesa sóbria e objetiva dos alicerces da fé cristã, que inclui a crença na maternidade divina de Maria e a consumação das promessas do Antigo Testamento:

> Maria brilha mais do que nunca no Natal, por sua máxima elevação: Mãe de Deus. No Evangelho nunca lemos essa expressão, mas Maria é considerada e chamada continuamente "mãe de Jesus", e diz-se claramente que Jesus é Deus. Quando, portanto, os primeiros escritores cristãos usaram o termo *Theotokos* (mãe geradora de Deus), não encontraram nenhuma oposição. Foi Nestório quem se opôs a esse título pois havia incorrido em um erro cristológico: acreditava que, em Jesus, havia duas pessoas, a humana e a divina, e Maria era mãe apenas da pessoa humana, somente de um homem. Surgiu, então, a polêmica que estabeleceu o Concílio de Éfeso, no ano 431. A preocupação do Concílio foi, principalmente, cristológica: definiu que em Jesus há uma única pessoa, a pessoa do Verbo, que, encarnando-se em Maria, associou a natureza humana à divina. Consequentemente, Maria é a verdadeira Mãe de Deus, já que seu filho é, realmente, Deus.
>
> Para não incorrer em erros, é importante compreender adequadamente esta verdade. A intenção nunca foi fazer de Maria uma deusa; ela segue sendo uma humilde criatura como nós, que teve a necessidade de ser redimida em Cristo. Esse título tampouco significa que Deus

precise de uma mãe que transmita a divindade. O título de Mãe de Deus é um título cristológico: significa que Jesus, nascido de Maria, é verdadeiro Deus. Com esse título se afirma que Jesus é Deus desde o primeiro instante de sua concepção; por isso, Maria é mãe de um filho que é Deus, e por isso a proclamamos, com razão, "Mãe de Deus".

Esses conceitos são muito claros para os católicos. Mas devemos saber expressá-los com exatidão, para responder às eventuais objeções.

(Décimo dia — *Belém, a casa do plano*)

Informações históricas e formulações teológicas como essas não nos afastam da piedade cotidiana; ao contrário, ajudam-nos a alimentar e ilustrar a nossa vida espiritual, que transcorre na normalidade do dia a dia, tal como a vida da Sagrada Família em Nazaré, marcada pela naturalidade e simplicidade. Com efeito, a santificação do cotidiano desponta como um dos eixos ascéticos deste livro:

Sobre nós — saber esperar pelos planos de Deus com total disponibilidade e confiança. Os caminhos de Deus são, muitas vezes, os mais difíceis. A dedicação ao trabalho cotidiano para ganharmos o pão com o suor de nosso trabalho, a monotonia da vida de cada dia; fazer tudo com amor, oferecendo-o a Deus: esse é o caminho normal através do qual nos santificamos.

(Décimo quinto dia — *O retorno ao lar*)

Sobre nós — a reflexão principal gira em torno da compreensão do valor da vida comum, oculta, monótona, se é oferecida ao Senhor e vivida em estado de graça. Por isso é necessário que esteja entremeada de orações.

(Décimo sétimo dia — *Um silêncio precioso*)

Houve outros encontros entre Jesus e Maria além dos que estão mencionados nos Evangelhos? É provável, mas nesse caso os evangelistas lhes atribuíram um valor privado. É fato que o coração de Maria, seus pensamentos e preocupações estavam constantemente inclinados ao filho e a suas atividades. Acreditamos que o Senhor quis nos oferecer um grande ensinamento neste período da vida de Maria: como é possível colaborar efetivamente com a ação apostólica mesmo no anonimato de uma vida comum oferecida com amor a Deus, na aceitação de sua vontade cotidiana e oferecendo para tal fim as orações, os cansaços e os sofrimentos que a vida nos apresenta. Por isso, voltando a nossos tempos, vemos associados como padroeiros das missões São Francisco Xavier, o grande pregador do Oriente, e Santa Teresa de Lisieux, que nunca saiu de seu convento.

(Décimo nono dia — *No anonimato de Nazaré*)

Nessas passagens, ressoa o ideal de santificação do trabalho, proposto por São Josemaria Escrivá, fundador do Opus Dei, e a vocação universal à santidade, reforçada pelo magistério do Concílio Vaticano II. Todos os fiéis batizados, sem exceção, somos chamados à plenitude da vida cristã, a santidade, por meio da consagração das nossas atividades correntes a Deus, tal como fizeram Jesus, Maria e José, nos anos de Nazaré.

Para isso, precisamos cultivar o silêncio da oração, meditando a vontade de Deus no nosso coração, sem nos evadir dos deveres cotidianos e sem buscar reconhecimento, holofotes e aplausos, ou seja, vivendo a trama das virtudes marianas, como piedade, trabalho, serviço, discrição, naturalidade e simplicidade. É a retidão de intenção que brota da vida de oração, de fazer tudo por Deus, de oferecer-se a si mesmo como sacrifício agradável ao Senhor, cumprindo cabalmente a sua vontade em nós, renovando o *fiat* de Maria.

A vida espiritual depende da intimidade com Deus, do trato pessoal com Ele, face a face, da troca de olhares silenciosos — como diante do Sacrário ou, mais ainda, da Hóstia Santa. Sem isso, a religião se derrete em farisaísmo, desejo de espetáculo, de poder, de interação social ou de tranquilidade psicológica, tentações a que Nosso Senhor resistiu no silêncio do deserto que antecedeu seu ministério público.

O homem de hoje precisa mais do que nunca de pausas de silêncio e reflexão. Neste mundo cheio de ruídos, precisamos de silêncio para rezar. Se acreditamos no poder da oração, estamos convencidos de que o rosário tem mais força do que uma bomba atômica. É uma oração que compromete e demanda muito tempo, não dá para negar; ao passo que estamos acostumados a fazer as coisas depressa, especialmente quando se trata de Deus... O rosário poderia nos ajudar a superar esse risco do qual Jesus advertia Marta, irmã de Lázaro: "Te Preocupas com muitas coisas, no entanto, uma só coisa é necessária." Nós também corremos o mesmo risco: nos preocupamos e inquietamos por tantas coisas e esquecemos da única coisa que importa — a nossa relação com Deus.

(Vigésimo nono dia — *Uma corrente de Ave-Marias*)

Como ensina o Cardeal Sarah, em *A força do silêncio: contra a ditadura do ruído*, "o silêncio é mais importante que qualquer outra ação humana". Por isso, convém envidar todos os esforços necessários para conquistá-lo, como quem procura uma pedra preciosa no emaranhado dispersivo da nossa época apressada, ansiosa e barulhenta. Dele, depende nossa vida interior e nossa união com Deus.

Os Evangelhos nos legaram apenas sete falas de Maria, com as quais Fulton Sheen, criativamente, associou às palavras de Cristo na Cruz, no livro *Sete palavras de Jesus e Maria*. Como modelo máximo de discípula, Maria vive o silêncio com perfeição, *guarda cuidadosamente os acontecimentos de seu Filho e os medita em seu coração* (cf. Lc 2, 19; 2, 51). Maria é silenciosa e humilde, porque está plenamente unida a Cristo, cujo traço característico é o poderoso silêncio, do qual brotam apenas as palavras essenciais, necessárias. Transcrevo alguns excertos do livro notável do Cardeal Sarah sobre a misteriosa purificação operada pelo silêncio, a que estão convocados todos os cristãos, nos passos de Jesus, José e Maria:

68 — O silêncio é difícil, mas nos torna aptos a nos deixar conduzir por Deus. Do silêncio nasce o silêncio. Pelo Deus silencioso, podemos aceder ao silêncio. E nunca deixamos de nos surpreender pela luz que então jorra.

O silêncio é mais importante que qualquer outra ação humana. Porque ele expressa a Deus. A verdadeira revolução vem do silêncio; ele nos leva a Deus e aos outros a fim de nos colocarmos, humilde e generosamente, a seu serviço.

72 — O silêncio contemplativo é o silêncio com Deus. Esse silêncio consiste em aderir a Deus, apresentar-se e expor-se diante de Deus, oferecer-se a Ele, aniquilar-se nEle, adorá-lo, amá-lo, ouvi-lo e nEle repousar. Eis o silêncio da eternidade, a união da alma com Deus.

196 — A vida pública de Cristo se enraizava e se conduzia pela oração silenciosa de sua vida oculta. O silêncio de Cristo, Deus presente em um corpo humano, está oculto no silêncio de Deus. Sua palavra terrena é habitada pela palavra silenciosa de Deus.

Toda a vida de Jesus está envolta de silêncio e de mistério. Se alguém quiser imitar Cristo, basta observar os seus silêncios.

O silêncio da manjedoura, o silêncio de Nazaré, o silêncio da Cruz, o silêncio do túmulo selado são o mesmo silêncio. Os silêncios de Jesus são silêncios de pobreza, humildade, abnegação e humilhação; é o abismo insondável de sua *kenosis*, de seu despojamento (Fp 2, 7).

199 — Já evoquei o retiro de Jesus em seu deserto espiritual e místico, e o que ele fez nos primeiros trinta anos de vida em Nazaré.

É importante nos determos um pouco para falar da sua permanência no deserto da Judeia, quarenta dias e quarenta noites, antes de iniciar sua vida pública, para, por assim dizer, acumular reservas de silêncio em vista da imensa missão que o conduziu até o dom de sua própria vida.

Os Evangelhos explicam como Jesus ia muitas vezes ao deserto, procurando a solidão, a calma e o silêncio noturno. Nessas ocasiões, ele sentia a mão de Deus que apontava para essas regiões onde ele vive, deixa-se ver e dialoga com o ser humano como um amigo que fala a seu amigo.

Quem realmente tem Deus em seu coração e em seu corpo está ávido de silêncio. Devemos retirar-nos do mundo, das multidões e de todas as atividades, mesmo as de caridade, para ficar longos momentos na intimidade de Deus.

201 — Para a humanidade, o recolhimento silencioso de Cristo é uma grande lição. Da manjedoura à Cruz, o silêncio está constantemente presente, pois o problema do silêncio é um problema de amor. O amor não se exprime por palavras. Ele se encarna e se torna um e o mesmo ser com quem ama a verdade. Sua força é tal que ele nos impele à doação até a morte, até o dom humilde, puro e silencioso de nossas vidas.

Se queremos prolongar a obra de Cristo no mundo, devemos amar o silêncio, a solidão e a oração.

216 — Toda a vida da mãe de Jesus é banhada de silêncio. (...)

Em *L'humble présence* [A humilde presença], Maurice Zundel diz que "só o silêncio revela as profundezas da vida". As grandes obras de Deus são fruto do silêncio. Só Deus é testemunha, e com Ele, os quem têm uma visão sobrenatural das coisas, os que fazem silêncio e vivem da presença da Verbo silencioso, como a Virgem Maria. Para Zundel, Maria se fez discípula do Verbo: "Ela escuta, adere, doa-se, ela se perde em seus abismos. Em todas as fibras do seu ser ressoam este apelo: 'Deixa-me ouvir a tua voz' (Ct 2,14). Maria dá ouvido ao Verbo silencioso. Sua carne pode então tornar-se o regaço da Eterna Palavra (...). Nela, todo ser humano vê-se chamado ao mesmo destino: tornar-se uma morada de Deus, do Verbo silencioso. Pois se é verdade que Deus criou a natureza humana apenas para receber uma Mãe de quem viesse a nascer, todos somos chamados, pelo acolhimento silencioso do Verbo, a nos tornar o Templo do Verbo, a 'Basílica do silêncio'."

218 — (...) No plano de Deus, a Virgem Maria está inseparavelmente ligada ao Verbo. O Verbo é Deus, e o Verbo é silencioso. Ela está completamente sob a influência do Espírito Santo, que não fala. A atitude de Maria é a da escuta, e ela está inteiramente voltada para a palavra do Filho. Ela é aquiescência e obediência.

Maria não fala. Quer apenas submeter-se a Deus, como uma criança confiante. Seu *fiat* é total e alegre. Ela aceita receber a vontade de Deus mediante Jesus.

A mãe de Jesus está imersa no assombro e no silêncio da alegria, aos pés da Criança do Natal; está imersa na dor e na angústia quando Herodes ameaça o Menino Deus e também aos pés da Cruz. Ela passa sua vida imersa no silêncio do consentimento que se resume nesta frase excepcional: "Eis a serva do Senhor, faça-se em mim segundo a tua palavra" (Lc 1, 38).

(Robert Sarah, *A força do silêncio*)

Nesse contexto, avulta a figura tão discreta quanto luminosa de *José, o silencioso*, como o chamou Michel Gasnier no título de um livro igualmente transformador, que pode ser lido em complemento a este. O Padre Gabriele o considera "o autêntico, o primeiro e o maior devoto de Maria Santíssima", ao mesmo tempo em que foi "o formador, o educador — no aspecto humano — do filho de Deus, para prepará--lo". (Nono Dia — *Esposos felizes unidos por Deus*).

Entre Maria e José, com um objetivo e reveses em comum, deve-se ter desenvolvido um amor cada vez mais intenso. Creio que se possa dizer que nunca nenhum esposo foi amado como José, e nem uma esposa, como Maria. Talvez apenas um amor tão casto, com um fim tão sublime, possa alcançar sutilezas e afinidades tão profundas. Cada vez mais, Maria vai descobrir o tesouro do esposo, suporte e amigo que lhe dera o Senhor.

Por outro lado, para Jesus, que foi o primeiro que chamou *abbá* (papai) a José, ele foi de fato a imagem do Pai. José lhe deu o melhor que um pai pode dar a um filho: a educação humana, um nome de respeito, o conhecimento de Deus, e o ensinou a rezar e a trabalhar com um exemplo constante de vida justa.

(Décimo sétimo dia — *Um silêncio precioso*)

Esta obra do Padre Gabriele Amorth é um dos livros espirituais que podem mudar nossa vida, como um divisor de águas. A descoberta de Maria ilumina e aquece o nosso coração, infunde-nos uma esperança vigorosa, revestida de ternura e força, a ponto de jamais buscar a Cristo desacompanhado dela, medianeira de todas as graças. Portanto, esta obra deve ser lida com atenção e cuidado, sorvendo cada palavra e meditando cada ideia, deixando-se preencher pela presença discreta e silenciosa de Maria, por quem nos chega, a cada dia, o Salvador.

Victor Sales Pinheiro
Professor da UFPA e da Academia Atlântico

Introdução do autor

Em sua carta apostólica *Tertio Millennio Adveniente*, São João Paulo II encomendava ao Espírito Santo a missão de conduzir as almas a entrar no novo milênio com as devidas disposições. E continuava: "Confio este empenho de toda a Igreja à materna intercessão de Maria, Mãe do Redentor. Ela, a Mãe do belo amor, será para os cristãos do terceiro milênio a estrela que lhes guia os passos com segurança ao encontro do Senhor. A humilde jovem de Nazaré, que, dois mil anos atrás, ofereceu ao mundo inteiro o Verbo encarnado, oriente a humanidade do novo milênio para Aquele que é "a luz verdadeira, que a todo o homem ilumina" (Jo 1, 9).

É belo pensar em Maria como a estrela que nos conduz ao Senhor com segurança. Os Magos seguiram a estrela e encontraram Jesus com sua mãe. Peçamos à Virgem que nos pegue pela mão e nos guie.

Nestas páginas, que integram o quinto livro que escrevo sobre Maria, seguindo a orientação da Sagrada Escritura e dos ensinamentos eclesiásticos, a minha intenção foi percorrer esse caminho que nos apresenta a Mãe de Jesus e nossa Mãe. O conhecimento da Mãe nos conduz ao conhecimento do Filho, pois Deus determinou não somente que a relação entre Maria e Jesus fosse muito mais além da relação natural, mas que a Virgem fosse a primeira redimida, a primeira discípula, a primeira colaboradora de seu Filho divino.

Peço ao Senhor que abençoe esta humilde tentativa para que, se for de seu agrado, possa fazer algum bem.

Padre Gabriele Amorth

Primeiro dia

A mulher nova

A cada ano, em 8 de setembro, quando a Igreja celebra a festa litúrgica da Natividade de Maria, o pensamento mais recorrente é que surge a aurora, aquela que anuncia o dia: a natividade da Virgem prenuncia o nascimento de Jesus. O Concílio Vaticano II se expressa com uma frase exemplar sobre o nascimento da Virgem. O capítulo VIII da constituição sobre a Igreja *Lumen gentium* (LG), totalmente dedicado à Virgem Maria, afirma: "Com ela, enfim, excelsa Filha de Sião, passada a longa espera da promessa, cumprem-se os tempos e se inaugura a nova economia."

Para compreender o papel de Maria e como a sua aparição representou uma virada decisiva no desenvolvimento do plano salvífico, convém adiantar alguns conceitos sobre o plano divino na criação e, portanto, sobre a centralidade absoluta de Cristo. Ele é o primogênito de todas as criaturas: tudo foi criado para Ele e com vistas a Ele. Ele é o centro de toda a criação, Aquele que reúne em si todas as criaturas: as celestes (anjos) e as terrestres (homens). De qualquer forma, creio que Jesus teria encarnado e aparecido triunfante na terra, mas é difícil dizer. A realidade é bem diferente. Além dos pecados de nossos progenitores, que escravizaram o homem a Satanás e às consequências da culpa (sofrimento, cansaço, doença e morte), Jesus veio como Salvador, para redimir a humanidade das consequências do pecado e reconciliar todas as coisas com Deus — as coisas do céu e da terra — por meio de seu sangue e da cruz.

Tudo foi criado pensando em Cristo: desta concepção cristocêntrica depende o papel de toda criatura, de cada um de nós, presentes no pensamento divino desde toda a eternidade. Se a criatura primogênita é o Verbo encarnado, seria impossível que não se associasse a ela, mais do que qualquer outra criatura, aquela na qual se cumpria essa encarnação. Eis a relação única entre Maria e a Santíssima Trindade, como se manifesta claramente na página da encarnação.

A centralidade de Cristo e sua vinda como Salvador: assim, toda a história humana está orientada ao nascimento de Jesus, acontecimento conhecido como *plenitude dos tempos*. Os séculos precedentes são "tempo de espera"; os seguintes, "os últimos tempos". Com o nascimento de Maria, a história humana passa por sua grande virada: o período de espera acaba, para começar o tempo da realização. Ela é a Mulher nova, a nova Eva; dela procede o Redentor, e nela se inicia o novo povo de Deus. Os primeiros Padres, como Justino e Irineu, logo estabelecem a comparação Eva-Maria: Eva, mãe dos vivos; Maria, mãe dos redimidos; Eva dá ao homem o fruto da morte; Maria dá Cristo, o fruto da vida, à humanidade.

Adoraríamos, neste momento, conhecer muitas particularidades a respeito de Maria, mas precisamos de dados. Os Evangelhos não são livros histórico-bibliográficos, mas histórico-salvíficos. São a pregação da "Boa-nova", e neles não há espaço para o que interessa apenas em seus aspectos humanos, sem valor para a salvação. É por isso que nos faltam tantas notícias que nos interessariam por seu valor biográfico, mas que não têm importância alguma em relação à mensagem que os evangelistas quiseram transmitir.

Façamos algumas dessas perguntas sem respostas certas, mas das quais podemos nos aproximar: ao menos podemos nos dar conta de certas opções dos evangelistas.

Quando a Virgem nasceu? Em relação ao dia, antigamente propunham muitas datas, sugeridas sempre por motivos de culto, e não por motivos históricos. Depois foi estabelecida a data de 8 de setembro, ainda que sem comprovação histórica, e dela dependeu a data da concepção de Maria — nove meses antes, a festa da Imaculada Conceição. Em relação ao ano, só é possível calcular a partir da data de nascimento de Jesus, que também é incerta, mas racionalmente calculável, levando-se em conta que as meninas se casavam por volta dos 12 a 14 anos. É interessante imaginar que a Virgem nasceu no ano 20 a.C., quando Herodes, o Grande, iniciou a reconstrução do Templo de Jerusalém. É uma ideia interessante porque assim, enquanto o homem construía o templo de pedra, Deus preparava para si o seu verdadeiro templo de carne. Mas essa é apenas uma probabilidade, ainda que seja uma data que se aproxima da data verdadeira, desconhecida por nós.

Onde nasceu a Virgem? Entre as diversas cidades que se poderiam definir como cidade natal de Maria, as duas mais prováveis a disputar tal honra são Jerusalém e Nazaré. Ambas têm uma tradição muito antiga, com provas arqueológicas e culturais. Tendemos a Nazaré, dado que ali encontramos essa humilde donzela, rodeada de toda discrição: uma aldeia de médio porte, que contava com cerca de duzentos habitantes vivendo em grutas, a cuja entrada se podia acrescentar um cômodo. Fora das rotas de comunicação, Nazaré nunca é nomeada no Antigo Testamento, nem no Talmude, nem em Flavio Josefo. "Pode, porventura, vir coisa boa de Nazaré?", pergunta Natanael a Filipe (Jo 1, 46).

Também não sabemos a qual das 12 tribos de Israel pertencia Maria. Certamente uma tribo humilde, pois, caso contrário, Lucas nos teria dito, já que tem a atenção de lembrar-nos da família de Isabel e da anciã Ana, outras duas mulheres mencionadas no Evangelho da infância.

Deus aprecia a humildade e a discrição; não sabe o que fazer com as grandezas humanas, com o que vale aos olhos dos homens.

Reflexões

Sobre Maria — segundo Dante, "Mais sublime e humilde que toda criatura", não tinha nenhum título de grandeza humana. Todo o seu valor está em ter sido eleita por Deus, em ter desempenhado um papel superior a qualquer exaltação humana (quem tem o poder de elevar uma mulher à honra de ser Mãe de Deus?) e ter correspondido sempre e totalmente, com inteligência e liberdade, às expectativas de seu Senhor.

Sobre nós — também cada um de nós foi pensado por Deus desde a eternidade e deve ganhar esse título de salvação, para si e para os demais, que Deus designa e faz conhecer por meio das circunstâncias da vida, assim como pelos "dons" (bens materiais e pessoais) que cada um recebeu Dele. A nossa grandeza depende de como correspondemos e somos aos olhos de Deus.

Segundo dia

Maria Santíssima

Deus pensou em cada um de nós a partir de toda a eternidade e nos designou uma tarefa que determinou o momento e o local de nosso nascimento, dando-nos os dons necessários para o desenvolvimento de nosso papel. Fez o mesmo com Maria. Como, além disso, queria confiar a ela uma tarefa extraordinária, preparou a sua consciência. Podemos resumir essa preparação em três palavras, que serão objeto de nossas reflexões neste capítulo e nos dois seguintes: *Imaculada*, *Virgem*, *Esposa de José*.

O primeiro dom, o grande presente que Deus deu a Maria desde a sua concepção, foi torná-la imaculada, transmitindo-lhe antecipadamente os méritos da redenção de Cristo. Tinha de ser mãe daquele que vinha para destruir as obras de Satanás, ou seja, o pecado com todas as suas consequências. Assim, Maria, concebida imaculada, revela a sua semelhança conosco, pois precisou ser redimida pelo sacrifício da cruz. Por outro lado, sua condição de imaculada a predispõe para a altíssima missão que lhe seria confiada mais adiante.

Um dos títulos marianos mais antigos, muito apreciado pelos ortodoxos, é o de Santíssima, que expressa perfeitamente os dois aspectos que pretende representar, invocando a Maria Imaculada.

Um primeiro aspecto é puro privilégio: a extinção do pecado original tendo em vista a maternidade divina. Aqui, devemos contemplar apenas as maravilhas realizadas pelo Senhor. Há mais, no entanto:

há um segundo aspecto pelo qual se afirma que Maria não cometeu a falta atual, sendo uma criatura inteligente e livre. Ao contrário do que poderia parecer, nisto também encontramos a imitabilidade de Maria, que tanto pode influenciar na formação cristã: vemos em Maria a beleza da natureza humana impregnada pela graça. A Imaculada é um ideal que nos atrai — ele não nos espanta ou nos afasta da imagem de Maria, mas nos impulsiona à sua imitação com a graça batismal, com as graças atuais e a luta contra o pecado.

Um dos maiores erros da mentalidade moderna contra a humanidade é o de querer abolir o significado do pecado e da presença de Satanás. Assim, ignora-se a redenção, que é a vitória de Cristo sobre o pecado e o demônio; deixa-se o homem mergulhar em sua própria miséria, sem ajuda para se levantar, a ser melhor, a recuperar a sua beleza original, de criatura feita à imagem de Deus. A Imaculada nos diz: sou assim pela graça de Cristo e pela minha correspondência a ela; também você, correspondendo à graça, deve aspirar a vencer o mal e a purificar-se cada vez mais. A Imaculada não é um ideal abstrato, formado simplesmente para contemplá-lo. É um modelo a ser imitado.

Assim mesmo, é belo percorrer o amplo caminho que levou à definição dogmática da Imaculada Conceição, em 1854. A sensibilidade dos fiéis intuiu imediatamente a santidade total de Maria e a exaltou conforme a sua profecia: "Desde agora, me proclamarão bem-aventurada todas as gerações" (Lc 1, 48). Veja que, ao proclamar Maria como *Santíssima*, a intenção era manifestar sobretudo que ela nunca havia cometido pecados atuais, e nesse sentido pronunciou-se o Concílio de Trento. Anteriormente, no entanto, a reflexão e a convicção do povo de Deus fora mais além, intuindo que a santidade total de Maria era incompatível com o pecado original, por isso devia ter sido extraído dela.

Era preciso aprofundar a reflexão bíblica e teológica sobre esta verdade. Sabemos que os dogmas são "pontos firmes", que não impedem os estudos e o aprimoramento, mas os orientam no sentido justo. Sabemos que a proclamação dogmática de uma verdade significa que ela está contida na Sagrada Escritura. Mas nem todas as verdades estão inscritas com a mesma clareza: algumas são ditas explicitamente (a ressurreição de Cristo, por exemplo), outras estão registradas apenas de maneira implícita, e são necessários tempo e a luz do Espírito Santo para colocá-las em evidência. Por isso não nos surpreendem as vacilações e dificuldades. Sabe-se que São Tomás de Aquino era contrário ao dogma da Imaculada Conceição, pois temia que, assim, a Virgem estivesse excluída da redenção: para ela teria sido uma ofensa, e não uma exaltação. A dúvida era real, bem-fundamentada; era preciso solucioná-la. Quem a resolveu foi Duns Scoto, compreendendo que Maria devia a sua isenção do pecado aos méritos de Cristo, que lhe foram aplicados previamente. Assim, Maria é o primeiro e mais belo fruto da redenção.

Outra dúvida frequente é a seguinte: se a Virgem foi tentada por Satanás e se poderia ter pecado. A Virgem, como todos nós, certamente tinha o mesmo dom da liberdade que nos deu o Senhor e que faz parte de todas as criaturas superiores. No passado, quando era costume exaltar os privilégios, pensava-se que Maria tinha uma "impossibilidade moral" de pecar. Quanto às tentações do demônio, assim como as teve Jesus, é certo que, embora o Evangelho não o manifeste, tivera-as também Maria, pois esta é a condição da humanidade mesmo antes do pecado original. Hoje em dia, quando pouco se fala nos dons extraordinários, costumam-se destacar os aspectos mais humanos de Maria: seu difícil caminho de fé e seus sofrimentos constantes. A carta encíclica *Redemptoris Mater*, de João Paulo II, insiste nessa linha, mas também formula duas outras considerações:

a. A pecabilidade não é necessária para a liberdade; os anjos e os santos são plenamente livres, mas impecáveis.
b. À Virgem foi inteiramente aplicada a redenção de modo prévio: em nosso caso também a redenção atingirá seu total cumprimento quando, uma vez alcançada a glória celestial, ainda permanecendo criaturas inteligentes e livres, já não tivermos a possibilidade de pecar.

Reflexões

Sobre Maria — correspondeu perfeitamente à graça, que lhe foi plenamente concedida. Concebida imaculada para ser a mãe de Deus, foi a mais fiel ouvinte e discípula de seu Filho. A santidade de Maria, que a aproxima de Jesus tanto quanto é possível para uma criatura humana, não a eximiu, em absoluto, do duro caminho da fé, do sofrimento e das cruzes mais dolorosas.

Sobre nós — a Imaculada Conceição nos estimula à luta incessante contra o pecado, nos exorta a melhorarmos e a fazermos de nossa vida um caminho de conversão e purificação, para nos inclinarmos a essa santidade a que Deus nos chama. Jesus nos convida a ser santos como seu Pai. A Imaculada nos diz que, com a graça divina, é possível conseguir aproximar-se de Deus, na medida que isso é consentido a uma criatura humana.

Terceiro dia

Três vezes Virgem

Há um livro apócrifo bastante recomendado por sua antiguidade, que poderia remontar às primeiras décadas do século II: o *Protoevangelho de São Tiago*. Nesse livro, conhecemos o nome dos pais de Maria — Ana e Joaquim — e também outros episódios, que devem ser compreendidos adequadamente. A chave de leitura desse livro é sua intenção de nos oferecer relatos inventados para nos dizer verdades. De certa maneira, é como um professor que instrui os seus alunos com fábulas de conteúdo verídico. Quando esse autor antigo narra que, aos três anos, Maria foi apresentada no Templo para ali ser instruída, na verdade quer nos dizer que, desde o início de sua razão, Maria se ofereceu como templo de Deus. Da mesma forma, a celebração de 21 de novembro, com o título solene de "Apresentação da Bem-Aventurada Virgem Maria" e que se originou no ano 543 em memória da dedicação de Santa Maria a Nova em Jerusalém, na realidade é a festa da virgindade de Maria.

Mesmo assim, a virgindade é um dom de Deus quando é escolhida por quem quer pertencer somente a Ele e colocar-se à sua total disposição. É um dom que o Espírito atribuiu a Maria, assim como o dom da Imaculada Conceição. Afirmamos isso porque a história de Israel não nos oferece nada parecido, tampouco se sabia que a virgindade consagrada era um estado de vida agradável a Deus: com efeito, todas as grandes mulheres de Israel apresentadas como modelo e que, de certa maneira, prefiguravam a Virgem (Sara, Débora, Judite, Ester) eram casadas ou viúvas. Israel apreciava a maternidade; a ausência de filhos era considerada uma vergonha, uma maldição, um castigo divino.

Como pode ter, portanto, concebido a Virgem, com um valor que não tem explicação humana, o propósito de permanecer virgem? Depois virá Jesus para ensinar o que é mais perfeito, e o seguirá um punhado de homens e mulheres que, ao longo dos séculos, viverão eternamente consagrados a Deus. Mas a Virgem não tinha nenhum modelo para seguir. Apenas o Espírito Santo pode ter sugerido a ela uma opção tão única e lhe dado a determinação para cumpri-la. Talvez compreendera, desde que adquiriu o uso da razão, o grande preceito continuamente repetido pelos israelitas piedosos: "Amarás ao Senhor com todo o seu coração, toda a sua alma e com todas as suas forças", e desejara viver isso de modo absoluto. É inútil, porém, buscar uma explicação humana a uma escolha divina. Creio que também aqui Maria teve uma antecipação dos ensinamentos de Jesus e foi verdadeiramente "filha de seu Filho", para utilizar uma expressão de Dante.

Creio também que ela agiu com plena liberdade e simplicidade: sem se dar conta de que inaugurava ou seguia uma vida nova; sem paixão de ânimo sobre como viver essa opção que carece de precedentes, sobretudo quando seus pais a deram como esposa de José. É próprio de Maria viver uma fé absoluta, sem criar problemas ou pedir explicações, mas abandonando-se inteiramente ao Senhor. Paulo VI destaca outro aspecto: com a opção da virgindade, Maria não renuncia a nenhum valor humano; seguir o caminho da virgindade não pressupõe menosprezar o matrimônio ou estabelecer algum limite à santidade à qual todos somos chamados. É seguir generosamente uma vocação particular do Senhor.

Maria é três vezes virgem: antes, durante e depois do parto. É necessário exaltar a virgindade em um mundo em que ela anda tão maltratada, com a consequência de que sofremos não apenas de uma terrível queda nas vocações, mas também com muita frequência é destruída a própria unidade da família. Parece que vivemos em um mundo tão sombrio, tão imerso no sexo e na violência, que o vício caminha com o peito estufado por nossas ruas, constantemente defendido por leis permissivas; ao mesmo tempo, parece que a virtude tem de se esconder, envergonhada. O juízo de Deus, no entanto, e o bem da sociedade se desenvolvem em um sentido totalmente oposto.

Não há dúvida de que a virgindade de Maria nos remete também àquela virtude da pureza defendida pelo Decálogo em dois mandamentos e que São Paulo quase relaciona com a santidade, ilustrando seus motivos de fé, como ninguém havia feito até então. Ele vai além do conceito do mero domínio de si mesmo — que é importante, mas simplesmente humano — apreciado pelos pagãos. É importante que as mulheres sejam respeitadas, mas também é importante que sejam elas as primeiras a se respeitar. São Paulo nos convida a dar um salto de qualidade. Lembremo-nos de que a impureza está indicada na Bíblia com a palavra grega *porneia* (assim fica fácil compreender a palavra *pornô*), derivada de um verbo que significa "vender-se".

São Paulo parte desse ponto para nos sugerir três motivos de fé, que incutem horror à *porneia*, à impureza: 1) Uma pessoa não pode vender-se porque não pertence a si mesma; foi resgatada por Jesus por um alto preço, e por isso pertence a Ele. Pensemos na clareza que o conceito de resgate tinha a um escravo daqueles tempos. 2) Você pertence a Cristo não como um objeto alheio, apartado da existência Dele, mas como um membro seu. Alguém se atreveria a arrancar um pedaço de Cristo, um membro, e entregá-lo à prostituição, à *porneia*? 3) O corpo é sagrado por ser templo do Espírito Santo. Pensemos no quanto são respeitados os lugares de culto de todas as religiões. Você se atreveria a profanar o templo do Espírito? Cometeria um sacrilégio desses? Devemos reconhecer que nenhuma religião ou nenhuma filosofia respeitam tanto o corpo humano como o cristianismo: membro de Cristo, templo do Espírito, destinado à ressurreição gloriosa.

"Creio em Cristo, mas não creio na castidade dos padres", dizia-me uma profissional. "Meu sonho é ser estrela pornô", confessou-me uma jovem de 16 anos. "Padre, reze por meu filho, que se relaciona com uma mulher casada, vinte anos mais velha que ele", rogava uma senhora. "Como é possível? Nossa filha, que mal saía de casa e da Igreja, vive agora com um rapaz viciado e não quer nem pensar em voltar para casa", desabafava um casal. Poderia continuar com esses exemplos, são fatos de todos os dias — enquanto, nos jornais, só se ouve falar em violência contra a mulher e as crianças.

Que a nossa Mãe celestial, três vezes virgem — ela, que é *a Virgem* por excelência —, nos ajude a curar a nossa sociedade com sua pureza imaculada. Em todos os ícones ortodoxos, a tripla virgindade de Maria é expressa com três estrelas: na testa e nos ombros.

Reflexões

Sobre Maria — a candura de Maria nos encanta. Seu segredo foi a obediência às solicitações do Espírito Santo: encarou com humildade e decisão a tendência dominante, os temores da incompreensão e do desprezo, as dificuldades que podiam parecer insuperáveis. Porém, foi assim que Jesus quis a sua Mãe. Aquele que procura agradar a

Deus confia em sua ajuda e tem a graça de vencer obstáculos que parecem intransponíveis.

Sobre nós — o exemplo de Maria é modelo, e sua presença é intercessão. Todos devemos observar a virtude da castidade segundo o nosso estado. Que o convite de Paulo, "Não vos conformeis com este mundo" (Rm 12, 2), e os três motivos de fé que mencionamos nos sirvam de estímulo para sermos verdadeiros filhos da Virgem da melhor maneira possível. "Bem-aventurados os puros de coração [a pureza interior total, não apenas formal], porque verão Deus!" (Mt 5, 8).

Quarto dia

Um matrimônio desejado por Deus

Agora tentaremos refletir sobre a terceira condição desejada por Deus para preparar Maria para a encarnação do Verbo: era preciso que a mãe escolhida, além de imaculada e sempre virgem, fosse esposa. As razões são muitas, e algumas, muito evidentes: era necessária uma proteção, uma ajuda, um educador; era necessário que o Filho de Deus, dando-nos o exemplo de uma vida comum e transcorrida no anonimato, vivesse em uma família — exemplar, ainda que diferente — conforme o objetivo de Deus. No entanto, havia também o desígnio de dar cumprimento às profecias messiânicas, segundo as quais o Messias prometido devia ser "filho de Davi".

Naqueles tempos as moças se casavam cedo, com 12-14 anos, e os rapazes, com 17-18 anos. Quando lemos que a filha de Jairo, ressuscitada por Jesus, tinha 12 anos, esse detalhe nos diz simplesmente que era uma menina; por outro lado, é um dado importante: estava na flor da idade, quando o pai se preocupava em encontrar um esposo para ela. Levando-se em conta esses costumes e a pouca idade, eram os pais quem arranjavam tudo. No momento adequado, eles procuravam uma pessoa apropriada a quem entregar a filha como esposa. As negociações começavam e estabelecia-se o *mohar*, ou seja, o pagamento em dinheiro ou bens que o aspirante a esposo deveria pagar aos pais da esposa. Vejam que não se tratava, como em outros povos, do preço da esposa; era um pequeno patrimônio "de garantia" que os pais guardavam, mas que pertencia à esposa, que podia ter a posse dele em caso de viuvez ou divórcio.

Celebrava-se, então, o matrimônio, que se desenvolvia em duas etapas. Primeiro, na casa da esposa, na presença dos parentes mais próximos, era feita a declaração do matrimônio (chamá-la "noivado" gera mais confusões), que envolvia todos os efeitos jurídicos. A bênção dos padres conferia um caráter sagrado à simples cerimônia. Um ano mais tarde, enquanto os esposos permaneciam na casa dos pais e o marido preparava a casa para a nova família, eram concluídas as núpcias solenes, ou seja, a introdução da esposa na casa do esposo, com a grande presença de parentes e amigos, uma festa que normalmente durava sete dias.

No caso de Maria e José, as coisas se desenvolveram como os costumes. Não acredito que Maria tenha revelado aos pais o seu propósito de permanecer virgem; entre os hebreus, quando se tratava de votos particulares, uma mulher deveria pedir a permissão de seus genitores ou do marido. Maria, no entanto, costumava silenciar e entregar-se totalmente ao Senhor, com uma fé heroica que, às vezes, como vemos nessa ocasião, e como veremos na anunciação e também aos pés da cruz, desafia a evidência dos fatos.

Pensemos agora em José, o esposo escolhido pelo Senhor, com a mediação de seus pais, para aquela que seria a Mãe de Deus. O próprio nome já nos lembra de José, o hebreu, que salvou aquele primeiro núcleo do povo hebreu formado pela numerosa família de Jacó. O Evangelho nos traz informações preciosas de São José.

Primeiramente, Mateus e Lucas insistem que pertencia à família de Davi — e esse é um dado relevante. O episódio mais importante da vida do rei Davi se dá justamente quando o Senhor lhe promete uma casa que vai durar para sempre. A profecia foi logo compreendida em seu sentido messiânico, entre outras coisas porque a importância política da família de Davi nos tempos de Jesus desaparecera havia quinhentos anos, com Zorobabel. Para nos darem a genealogia de Jesus, Lucas e Mateus nos dão a genealogia de José. Fica claro que a união entre Maria e José é o vínculo que cumpre a profecia que afirma que o Messias seria um descendente de Davi. O verdadeiro modo de indicar José é "pai putativo", "pai nutrício" ou outras expressões mais comuns. O melhor é chamá-lo "pai davídico" de Jesus.

O Evangelho nos oferece uma segunda informação sobre José — o seu ofício de ferreiro e carpinteiro. Assim nos familiarizamos com a condição econômica da Sagrada Família e do próprio Jesus com Maria, depois da morte de José. Um artesão fazia parte da classe média: pobre, mas não miserável. Vivia de seu trabalho cotidiano, que podia completar-se com produtos da horta, árvores frutíferas e algum animal doméstico.

Mateus nos dá ainda uma terceira informação, qualificando José como um homem "justo". O significado bíblico deste termo é muito rico: indica grande retidão, observância plena da lei de Deus, abertura e disponibilidade total para a vontade divina. Não há dúvidas de que os pais dos dois esposos buscariam uma pessoa adequada para os seus filhos e que o Espírito Santo os guiasse em sua decisão.

A condição social de José, um artesão honrado e bom, nos faz compreender também as condições econômicas da família de Maria. Diferentemente dos relatos fantasiosos dos apócrifos, que falam de Maria como filha única e herdeira, fica claro que sua família também tinha uma condição modesta. Assim, a vida da Sagrada Família se distinguiria por esse caráter de pobreza decorosa, e não de miséria. O povoado em que vivem é humilde, assim como o ofício de José e, depois, o de Jesus; a vida que vivem em Belém é pobre, assim como a oferenda que fazem ao Templo na ocasião da apresentação de Jesus, quarenta dias depois de seu nascimento.

Maria e José pertenciam àqueles "pobres de Javé", que glorificam a Bíblia pois se abandonam confiantes no Senhor; o Senhor os revela e os encontra sempre dispostos a executar seus grandes planos. A pobreza que o Evangelho caracteriza como "bem-aventurada", até a propor como escolha voluntária, não é a simples exaltação da pobreza e da miséria, mas o reconhecimento da superioridade dos valores espirituais sobre aquilo que é transitório — coisas tão almejadas pelos homens. É, também, a fé em promessas divinas e a constante abertura à vontade de Deus, buscada em suas palavras e nas circunstâncias da vida.

Reflexões

Sobre Maria — não fugiu aos costumes de seu povoado nem à obediência de seus pais. Soube ver em tudo isso a obra de Deus, apesar das aparências. A evidência dos acontecimentos, ou seja, o matrimônio com José, parecia romper ou anular de todo o seu propósito de entrega total ao Senhor. Não deixou de confiar que o Senhor a ajudaria a observar a virgindade, inclusive no matrimônio, se fosse essa a Sua vontade.

Sobre nós — não há dúvidas de que os pais de José fizeram a escolha certa, e por isso José ficaria muito feliz. Em um povoado tão pequeno, todos se conheciam muito bem. Não buscaram a riqueza ou valores transitórios, mas a virtude. Não há verdadeiro amor senão na luz de Deus e com o desejo de cumprir a sua vontade, a missão que Ele tem para cada um de nós. A disponibilidade para cumprir a vontade de Deus não permite que nos sintamos frustrados, ainda que os acontecimentos nos obriguem a abandonar os nossos projetos e aspirações.

Quinto dia

Exulta, alegra-te, desfruta

Imaculada, sempre virgem, esposa de José. Agora Maria está preparada para o grande anúncio de sua missão. O fato se estabelece claramente durante o ano de espera pelo casamento, quando já fora feita a declaração do matrimônio — para todos os efeitos, Maria já era esposa de José, ainda que nesse período se abstinha de relações matrimoniais, mesmo que fossem legítimas. O mensageiro divino irrompe poderosamente na vida da Virgem, de maneira impressionante. É quase certo que o fato aconteceu em sua casa, o que tornaria autêntica a inscrição que lemos tanto em Nazaré quanto em Loreto, onde se crê que ocorrera a Anunciação: "*Aqui*, o Verbo de Deus se fez carne".

Chàire, kecharitomène: exulta, ó favorita de Deus; alegra-te, tu, que estás repleta das graças divinas; desfruta, escolhida por Deus, que a cobriu de predileção. Assim poderíamos traduzir a saudação do anjo. São palavras ricas em significado e têm referência messiânica direta, por isso são capazes de agitar a donzela, que compreende nelas um projeto extraordinário da parte de Deus, mas não entende do que se trata. *Chàire* não é uma saudação comum: *shalòm*, que a paz esteja contigo; nem o simples "ave" ou "salve", que infelizmente foram incorporados em nossas traduções. *Chàire* (exulta, alegra-te, desfruta) é uma saudação particular, usada apenas pelos profetas Joel, Zacarias e Sofonias, e apenas com referência ao Messias: "Exulta, filha de Sião, pois teu Senhor vem a ti." Ao escutar que lhe dirigiam essas palavras messiânicas, ditas expressamente a ela, Maria experimenta uma agitação espontânea: reflete, sem entender, mas nada questiona, pois é a virgem que espera, que crê, que não faz perguntas.

Um breve parêntese. Os biblistas concordam em dizer-nos que todo esse relato não reflete os esquemas bíblicos dos nascimentos milagrosos; por exemplo, quando a Sara é anunciado o nascimento de Isaac, a Ana, o de Samuel, ou a Zacarias, o de João Batista. Acontecimentos pedidos e desejados, impossíveis devido às circunstâncias de velhice e esterilidade, para os quais não era necessária qualquer discussão. Por outro lado, a anunciação segue os esquemas bíblicos das missões especiais ou das vocações extraordinárias: temos a saudação inicial, o anúncio da missão e a espera da resposta.

Maria reflete sobre aquela saudação messiânica, sobre o fato evidente de que Deus lhe pede algo grande. Ela sabe que o Messias nasceria de uma mulher (*Protoevangelho*) e que seria concebido por uma virgem em um povoado hebreu. Não sabia que essa mulher predestinada era justamente ela, a humilde e desconhecida donzela de Nazaré. E o anjo explica: "Não temas [...] darás à luz um filho [...] lhe porá o nome de Jesus [...] ele será grande [...] será o Filho do Altíssimo, será rei...".

Maria não duvida um instante sequer; não pede sinais, pede ordens: como deve agir para corresponder plenamente à vontade de Deus? Sua pergunta: "Como se fará isso, pois não conheço homem?", ou seja, não tenho relações conjugais, é uma revelação explícita de seu propósito de manter-se virgem. "Devo continuar assim? Devo mudar?" Ela, que é a escrava do Senhor, não coloca nenhuma condição a Deus; pergunta apenas o que precisa fazer. A resposta de Gabriel: "O Espírito Santo descerá sobre ti...", não é apenas uma explicação de como aquele filho nascerá, mas também a confirmação de que o propósito de Maria de manter-se virgem provinha de Deus e de que o manteria inclusive no matrimônio.

Neste momento, é Deus quem espera uma resposta de sua criatura. Ele nos criou inteligentes e livres e nos trata como tal. O Senhor oferece os seus dons excelsos, nunca os impõe. O Concílio Vaticano II dirá: "o Pai das misericórdias quis que a aceitação, por parte da que Ele predestinara para mãe, precedesse a encarnação" (*LG*, 56), e acrescenta, no mesmo parágrafo: "Maria não foi utilizada por Deus como instrumento meramente passivo, mas cooperou livremente, pela sua fé e obediência, com a salvação dos homens." A resposta chega imediatamente: "Eis aqui a serva do Senhor. Faça-se em mim segundo a tua palavra" (Lc 1, 38). É difícil imaginar um momento mais importante do que esse na história humana, quando o Verbo de Deus se faz carne e vem viver entre nós. Veio, e jamais nos abandonou: "Eis que estou convosco todos os dias, até o fim do mundo" (Mt 28, 20).

Quando Adão e Eva foram expulsos do paraíso terrestre, com a perspectiva do sofrimento e da morte, não saíram como seres desesperados. Deus manifestara uma expressão importante, condenando a serpente que os havia enganado: "Maldita seja. [...] Porei ódio entre ti e a mulher, entre a tua descendência e a dela. Esta te ferirá a cabeça" (Gn 3, 15). Restava ainda uma esperança. Aquela mulher e seu filho (sua semente) derrotariam Satanás. Porém, quando chegaria aquela mulher? E quando seu filho triunfaria? A promessa messiânica se foi definindo ao longo do período de espera. Com Abraão, Deus elege um povo do qual viria o Bendito. Entre as diversas tribos de Israel, a predileção recai sobre a tribo de Judá, e entre as famílias de Judá a promessa centra-se na de Davi. Porém, quando e como essas profecias seriam realizadas?

Por fim, estamos diante da mulher predestinada e bendita. Seus pais a chamaram Maria; o anjo Gabriel a define como "cheia de graça";

ela mesma se apresenta como "escrava do Senhor". Maria é a mulher prometida, a virgem que dará à luz um filho. O povo hebreu esperava um Messias, um homem. Jamais poderia pensar que o enviado de Deus fosse seu próprio Filho unigênito. Aqui, a página da Anunciação se faz ainda mais importante. Pela primeira vez o mistério trinitário, sobre o qual havia apenas uma alusão velada no Antigo Testamento, aparece claramente: o Pai envia o anjo Gabriel, que já havia aparecido a Daniel para as grandes profecias messiânicas, e alguns meses antes a Zacarias para anunciar-lhe o nascimento do Batista; o filho encarna no seio da Virgem, unindo à sua natureza divina a natureza humana na pessoa única do Verbo; o Espírito Santo desce sobre Maria para cumprir aquele grande mistério pelo qual ela, ainda virgem, se transforma em mãe, e mãe do Filho de Deus.

Nesse momento cabe a nós apenas contemplar a admirável ação de Deus e como Ele cumpre as suas promessas melhor do que o homem poderia desejar ou sonhar.

Reflexões

Sobre Maria — sua grandeza: Maria é grande por ter sido predestinada; porque crê, porque está disposta a fazer o que o Senhor lhe pede, sem condições. Os três nomes pelos quais é chamada: Maria significa "amada por Deus", é o primeiro passo rumo ao que Deus queria fazer dela; "cheia de graça" é como o Senhor está agindo nela; "escrava do Senhor" é a resposta justa da criatura humana às solicitações divinas. A Trindade que se revela e transmite a ela a maravilha das maravilhas, a encarnação do Verbo, estabelece uma relação única, irrepetível, superior a qualquer outra relação com os seres criados.

Sobre nós — essas maravilhas de Deus não aconteceram com o objetivo de honrar a Maria, mas por nossa salvação. Com efeito, descobrimos imediatamente o amor da Santíssima Trindade por cada um de nós: Jesus encarna por nós, para salvar-nos. O papel de Maria na realização desse plano divino é evidente, assim como a sua colaboração com Deus e a gratidão que lhe devemos.

Sexto dia

Duas mães e dois filhos

"Também Isabel, tua parenta, até ela concebeu um filho na sua velhice; e já está no sexto mês aquela que é tida por estéril, porque a Deus nenhuma coisa é impossível" (Lc 1, 36-37). Assim disse Gabriel a Maria, anunciando que o seu filho nasceria por obra do Espírito Santo, ou seja, de um modo totalmente milagroso: aquele que havia tornado fecundo o seio idoso e estéril de Isabel tinha o mesmo poder para tornar fecundo o seio jovem de Maria, mantendo-a virgem. A Virgem não tinha pedido nenhuma prova ou sinal. Por quê, então, o anjo lhe deu um sinal — e aquele sinal?

A explicação parece fácil. Em primeiro lugar, queria reiterar a Maria que nela aconteceria algo totalmente milagroso, algo que jamais havia acontecido antes ou aconteceria depois: uma virgem conceberia, por obra do Espírito Santo, permanecendo virgem antes, durante e depois do parto, segundo a opção que Maria tinha feito por inspiração divina. Havia, também, outro motivo, que a jovem mãe compreendeu imediatamente: ao anunciar-lhe a milagrosa concepção do Batista, Gabriel queria fazê-la entender que havia uma ligação estreita entre aqueles dois meninos, nascidos de maneira milagrosa, cada um à sua maneira, e cujo nascimento o próprio Gabriel havia anunciado, enviado pelo Pai. Maria compreende que há uma conexão entre seu menino, o Filho de Deus, e o filho de Isabel; um vínculo de missão, pelo qual o Batista será precursor de Jesus, aquele que prepara o caminho.

Assim, pois, Maria se apressa para chegar aonde o plano de Deus começaria a realizar-se. A cidade montanhosa da Judeia, na qual vivia Isabel, era comumente chamada de Ain-Karim e ficava a cerca de sete quilômetros de Jerusalém. Era fácil encontrar caravanas que se dirigiam à Cidade Santa, às quais as pessoas costumavam se unir para fazer a viagem, certamente junto de algum parente. Acreditamos que José, seu esposo, não a tenha acompanhado, pois nesse caso logo teria descoberto o grande mistério oculto em sua esposa e seria inexplicável a sua surpresa no retorno de Maria a Nazaré. Partindo de Nazaré, os 160 quilômetros que a separavam de Ain-Karim devem ter custado cinco ou seis dias de caminhada (caminhavam a pé, pois, na época, esse era o costume — que hoje em dia perdemos por completo). Por fim, ocorre o grande encontro que costumamos indicar com a palavra *visitação*. Chamo-o de "grande encontro" porque não se tratou apenas de uma visita íntima entre parentes. No Evangelho não há espaço para episódios pessoais; o Evangelho é a proclamação da Boa-nova, anúncio da salvação executada por Deus, e não historiografia.

Aqui, encontramos um ensinamento que o evangelista quer nos dar, e que tem um valor perene: desde que Maria concebeu o Filho de Deus, por obra do Espírito Santo, aonde quer que ela vá, há sempre a presença de Jesus e do Espírito. Basta que a jovem parenta coloque o pé em sua casa e a cumprimente para Isabel ter essa experiência. Não sei qual era o tom da voz de Maria, mas conheço perfeitamente a eficácia de sua presença. E não é essa a única primazia de Isabel; ela tem muitas outras: é a primeira que, na presença de Maria, é cheia do Espírito Santo, e a primeira que exalta Maria por sua maternidade: "Bendita és tu entre as mulheres e bendito é o fruto do teu ventre"; a primeira que reconhece em Maria a Mãe de Deus, chamando-a "Mãe do meu Senhor"; é também a primeira que anuncia uma bem-aventurança evangélica: "Bem-aventurada és tu que creste." Veja que toda a Bíblia está repleta de bem-aventuranças; pensemos apenas nos salmos que começam com as palavras "bendito aquele que..."; o mesmo pode ser dito do Evangelho, que não contém apenas as oito bem-aventuranças do Sermão da Montanha, ainda que estas tenham o seu valor especial. Isabel é a primeira em diversos aspectos.

Nesse ponto fica claro que os protagonistas do encontro são os filhos que as mães levam no ventre. João pula de alegria na presença de seu Senhor, cumprindo a profecia anunciada por Gabriel a Zacarias, ou seja, que o menino seria santificado desde o seio de sua mãe. E Jesus inicia sua grande obra de santificação. Acaba de ser concebido, mas não é apenas um simples amontoado de células, como pretendem os assassinos modernos, defensores de leis assassinas: é o Filho de Deus! Esse é um ensinamento do qual toda mulher que concebe um filho deve se lembrar bem.

Há outro aspecto que vale a pena destacar nesse encontro de grande valor profético e salvífico: lembra um episódio bíblico que parece uma antecipação: quando a arca da aliança — da qual Deus havia tomado posse cobrindo-a com sua sombra para marcar a sua presença — devolvida a Jerusalém pelo rei Davi, fez uma primeira parada. O rei teve um momento de hesitação e terror pela santidade da arca, quando Oza morreu de repente apenas por ter se atrevido a tocá-la. Davi, então, deixou-a na casa de Obed-Edom por três meses, o mesmo tempo que Maria passou com sua prima. Depois, quando ficou decidido transportá-la definitivamente a Jerusalém, sentiu toda a sua indignidade e exclamou: "Como entrará a arca do Senhor em minha casa?" (2 Sam 6, 9).

Todo aquele episódio era um signo profético. A verdadeira arca da aliança é Maria, a quem o anjo disse: "O Espírito Santo descerá sobre ti, e a força do Altíssimo te envolverá com a sua sombra." E Isabel, cheia da presença de Deus, repete quase ao pé da letra as humildes palavras de Davi: "Donde me vem esta honra de vir a mim a mãe de meu Senhor?". Esta realização do plano de Deus é magnífica: as previsões veladas do Antigo Testamento encontram as suas realizações no Novo.

A visitação nos faz lembrar de um dos episódios mais gozosos da vida de Maria. A exaltação de Isabel e a exaltação do Batista nos falam claramente da alegria que envolve a presença de Maria aonde quer que ela vá, aonde quer que seja acolhida, pois, com ela, está sempre tanto a presença de Jesus, que dá a graça da salvação, como a presença do Espírito Santo, que ilumina e torna compreensíveis os grandes mistérios de Deus.

Reflexões

Sobre Maria — é a verdadeira arca da aliança, a morada de Deus; e é mais, pois é aquela de quem Deus assumiu a natureza humana para viver entre nós como nosso irmão. Acolher Maria é o caminho para receber Jesus e o Espírito Santo. A primeira bem-aventurança do Evangelho — "Bem-aventurada és tu que creste" — é a bem-aventurança da fé; a ela corresponde exatamente a última bem-aventurança proclamada por Cristo ressuscitado a Tomás: "Felizes aqueles que creem sem ter visto!" (Jo 20, 29). Maria é um modelo daquele que crê sem ter visto.

Sobre nós — talvez ainda não tenhamos compreendido quem é Maria; as diversas primazias de Isabel nos servem de ajuda e de guia. Ter a ilusão de encontrar Jesus e o Espírito Santo sem passar por Maria não está de acordo com o caminho indicado por Deus. A fé, e não a sensibilidade, nos diz que a salvação começa ao acolher Maria.

Sétimo dia

O canto de alegria

Não transcrevo aqui o *Magnificat* (Lc 1, 46-55), mas peço ao leitor que se lembre bem dele. À saudação exultante e inspirada de Isabel, Maria responde com um cântico de louvor ao Deus que constitui o principal hino do Novo Testamento. Os que têm a obrigação ou o bom hábito de rezar as Vésperas à tarde não deixam de proferir diariamente o canto da Virgem. Isabel, iluminada pelo Espírito, dirige a Maria uma saudação magnífica, que repetimos continuamente ao recitar a Ave-Maria; não devemos nos surpreender, pois, que a Virgem, mais cheia do Espírito Santo do que nunca e templo vivo do Filho de Deus, responda com um cântico de extraordinária riqueza.

Mesmo assim, levemos em conta o estado psicológico da jovem mãe naquele momento. É certo que seu coração, transbordando de alegria pelo que o Senhor estava fazendo a ela, se encerraria em um silêncio discreto, sem poder confiar-se a ninguém. Agora, enfim, vendo que seu segredo havia sido revelado à prima, que por sua vez estava alegre devido à inesperada concepção do Batista, Maria pode proferir livremente aquele hino de louvor que certamente já se havia formado em seu interior e que cantava em seu coração desde a partida do anjo do Senhor.

O *Magnificat* tem características únicas. Cada uma de suas expressões e cada palavra são um eco do Antigo Testamento: poderíamos enumerar mais de oitenta referências. No entanto, o resultado não é um calhamaço de textos bíblicos, uma espécie de antologia de referências, mas um canto novo, que revela todo o frescor e espontaneidade do coração exultante que o compôs. Maria é feliz. É feliz porque Deus a escolheu sem levar em conta a sua pequenez, porque Jesus está nela: é o Filho de Deus, mas é também plenamente filho seu, carne de sua carne, sangue de seu sangue; já o aperta contra o peito e sonha com seus olhos, seu sorriso, com aquele rosto que certamente se assemelha ao dela mais do que a qualquer outro, diz Dante. É feliz porque se encontra com uma parenta que a compreende, com quem pode dividir o seu contentamento.

A felicidade de Maria tem uma única origem, deriva por inteiro do que Deus fez dela. Por isso, todos os louvores são dirigidos a Deus. Isabel louva e abençoa Maria; Maria louva e abençoa a Deus. Começa com parte do cântico de Ana, outra mulher, desta vez estéril, que havia experimentado a alegria da maternidade por uma graça extraordinária do Senhor e que por isso entoara seu louvor a Deus quando da espera de seu filho Samuel. Depois, com as referências de seu canto, Maria perpassa todos os livros históricos e proféticos da Bíblia, citando, especialmente, os Salmos. No entanto, não há nenhum peso nesse acúmulo de referências, mas toda a espontaneidade de um novo hino. Como isso é possível? Um segredo que todos estamos convidados a descobrir é a beleza dos Salmos: o próprio Deus nos ensina as palavras para louvá--lo, palavras que com frequência refletem a nossa situação, o estado de ânimo em que nos encontramos em determinado momento. As orações bíblicas não são apenas orações, mas também uma escola de oração. Quem as usa normalmente — como, sem dúvida, fazia Maria — aprende também a dirigir-se a Deus com orações espontâneas, que refletem os conceitos ou as mesmas palavras da Bíblia. Por isso, o Concílio Vaticano II recomendou a todos os fiéis que rezassem o Ofício divino, especialmente as Laudes e as Vésperas, que constituem o seu núcleo principal (cf. *Sacrosanctum Concilium*, 100).

Por outro lado, se analisarmos o *Magnificat*, descobriremos sem dificuldades sua divisão em três partes, com o desenvolvimento e o conteúdo totalmente distintos. No início o canto é estritamente pessoal: a Virgem reflete sobre o que o Senhor fez nela; entretanto, ainda que se refiram a sua pessoa, os conceitos expressam verdades de valor universal; tudo o que Deus fez em Maria tem como objetivo consumar o plano de salvação. O Senhor dirigiu o seu olhar à insignificância de sua serva. Ela sente que não é nada, um nada que foi objeto da escolha gratuita de Deus, que fizera nela grandes coisas, pois apenas Ele é grande, poderoso, santo. É um convite claro a não olhar e não louvar a ela, mas a mirar e louvar a Deus: o que ela chegou a ser, de uma grandeza excepcional, é obra de Deus.

E continua. Pensemos no valor dessa jovem que, à espera de um filho, atreve-se a fazer em relação a si mesma uma profecia à qual ninguém teria ousado: "Me proclamarão bem-aventurada todas as gerações." Não fosse a presença de Isabel, a única testemunha, poder-se-ia pensar que aquilo era apenas um delírio de uma mulher enlouquecida. Por outro lado, a dois mil anos de distância, somos nós mesmos testemunhas de que a profecia de Maria se cumpriu e se cumpre continuamente, desenvolvendo-se de maneira impressionante.

A segunda parte do *Magnificat* tem um desenvolvimento totalmente distinto. A humildíssima Maria, refletindo sobre o comportamento de Deus, utiliza uma linguagem quase violenta: os soberbos e seus projetos são reduzidos a nada; os poderosos são derrubados de seus tronos e os ricos recaem na miséria. Em compensação, são exaltados os humildes, os famintos são carregados de posses. Proclama-se a revolução do sermão da montanha, a proclamação das bem-aventuranças. É uma revolução totalmente nova em relação aos cânticos do Antigo Testamento (penso em Débora, em Maria — irmã de Moisés, em Judite), nos quais se exaltava a Deus por vitórias militares.

Na terceira parte, Maria se identifica com seu povo, o povo da aliança, confiado a uma grande promessa. Cita, em particular, Abraão, o primeiro eleito, de quem se sente filha. Deus lhe havia jurado: "Todas as famílias da terra serão benditas em ti" (Gn 12, 3). Maria vê cumpridas em si todas as promessas feitas por Deus a Israel por meio dos pais, mas encaminhadas à salvação de toda a humanidade.

O passado é revolvido visando ao futuro; Israel foi escolhido para ser depositário das promessas divinas e se desenvolveu em vista da chegada do Messias. Agora a missão terminou, pois se cumprira em Maria. Dela provêm o próprio Messias e o novo povo de Deus.

Reflexões

Sobre Maria — a humildade nunca é contrária à verdade. Maria tem consciência da grandeza à qual havia sido elevada, assim como do fato de que, pessoalmente, não tem nada do que se vangloriar: é tudo dom de Deus, e a Ele devemos apenas louvar. É a única vez em que Maria fala extensamente; talvez queira nos ensinar que é muito importante falar com Deus, adorá-lo, dar-lhe graças e atribuir a Ele tudo de bom que temos.

Sobre nós — as orações bíblicas são orações e escola de oração: aprendemos a fazê-las nossas quando nos expressamos com orações espontâneas, inspiradas em conceitos bíblicos. Unamo-nos ao coro de todas as gerações que louvam Maria, mas sem nos determos em Maria: através dela sempre se chega a Jesus. *Per Mariam ad Jesum* — por meio de Maria se chega a Jesus. Por isso o centro e o culto de todos os santuários marianos nunca é a própria Maria, mas Jesus eucarístico.

Oitavo dia

Como sofre um justo

"Eis como nasceu Jesus Cristo: Maria, sua mãe, estava desposada com José. Antes de coabitarem, aconteceu que ela concebeu por virtude do Espírito Santo. José, seu esposo, que era homem de bem, não querendo difamá-la, resolveu rejeitá-la secretamente. Enquanto assim pensava, eis que um anjo do Senhor lhe apareceu em sonhos e lhe disse: 'José, filho de Davi, não temas receber Maria por esposa, pois o que nela foi concebido vem do Espírito Santo. Ela dará à luz um filho, a quem porás o nome de Jesus, porque Ele salvará o seu povo de seus pecados" (Mt 1, 18-21).

Observemos como Mateus nos narra esses feitos de maneira minuciosa. É muito importante saber exatamente como as coisas se desenvolveram — não para satisfazer o nosso interesse histórico que, como já dissemos, ultrapassa as intenções dos evangelistas, mas para confirmar duas verdades de fundamental importância salvífica: que Jesus é verdadeiramente Filho de Deus, concebido pelo Espírito Santo, como nos relata Lucas no capítulo da anunciação, e o verdadeiro Messias prometido, no qual se cumpriram todas as profecias. Em particular: que devia ser um descendente de Davi e que seria concebido por uma virgem. Esses são os fins propostos por Mateus, que dão continuidade a um fato cada vez mais evidente depois dos três meses que Maria passou na casa de Isabel: José se dá conta de que sua esposa está grávida.

Que dias dramáticos! Que dúvidas atrozes devem ter passado pela cabeça desse jovem esposo! Homem *justo*, desejava celebrar um matrimônio santo, segundo a lei de Moisés; aceitou o casamento com a certeza de ter encontrado a esposa ideal: uma moça que conhecia desde o nascimento (o mesmo acontecia com todos naquele pequeno povoado), pela qual sentia uma estima e um afeto imensos, que excluíam absolutamente a ideia de que estava diante de uma traição; se tivesse pensado assim, seu dever teria sido denunciar sua mulher como infiel. Talvez seus pais e amigos já o parabenizassem pelo futuro filho, mas José está atormentado por algo que não o deixa viver em paz e que cresce de semana a semana junto com uma dolorosíssima decisão.

O silêncio de Maria nos assombra, mas, se refletirmos sobre a sua personalidade, seu modo de se comportar, não deveríamos nos surpreender e entenderíamos que o seu silêncio se apresentou como o comportamento mais razoável que podia adotar naquela ocasião. Ela também deve ter sofrido uma tremenda dor. Lia, cada vez mais marcados no rosto do esposo, a dúvida, o sofrimento e a incerteza sobre o que haveria de fazer, mas estava certa de que não cabia a ela intervir. O que havia acontecido com ela era extraordinário e a maior atuação do plano divino. Revelá-lo e fazê-lo ser compreendido não era o seu dever; um fato tão extraordinário pertencia ao Pai — que lhe enviara o anjo —, ao Filho que levava em seu ventre e ao Espírito que a havia fecundado. Por isso, Maria cala e espera, quando calar e esperar são as coisas que mais lhe custam. Admiramos o silêncio de Maria, mas o silêncio de Deus nos desconcerta. Com Isabel, bastara o som da voz de Maria para que o Espírito revelasse tudo. Quanto José deve ter sofrido pelo silêncio de Maria! Além disso, quanto terá sofrido Maria pelo silêncio de Deus!

Pouco a pouco José amadurece a questão mais dolorosa de todas: está convencido de que se encontra diante de um mistério, um acontecimento maior que ele mesmo. Melhor acabar com tudo. Decide dar a sua esposa o libelo de repúdio da maneira mais delicada possível, "em segredo", como diz Mateus (bastava a presença de duas testemunhas). Era muito fácil para um homem, na época, repudiar a esposa sob qualquer pretexto. O libelo de repúdio era considerado uma garantia para a mulher, que dessa forma poderia se casar de novo. Só depois, quando José havia tomado a sua decisão em meio a tanto sofrimento, chega o anjo para revelar-lhe a verdade. Sejamos sinceros; nós mesmos perguntaríamos: por que Deus não mandou o anjo antes? Por que permitiu que sofressem tanto aqueles esposos, amados e preferidos? Creio que eram as mesmas razões pelas quais o Pai exigiu ao Filho o sacrifício da cruz. Os caminhos do Senhor não são os nossos caminhos. O Senhor nos pede que façamos a sua vontade, e não que compreendamos as suas razões, com frequência muito superiores a nossas capacidades terrenas.

Neste ponto podemos compreender o destino de José. "Não temas em receber Maria por tua esposa", disse o anjo. E já não sentia nenhum temor: iria rapidamente, como permitissem as suas forças, aonde estava Maria para dizer-lhe que agora sabia de tudo, que tudo estava claro. Ele se apressaria a marcar a data das núpcias; depois de tanto temor por ter de renunciar a sua amada esposa, tinha então a certeza de que nunca se separaria dela. Também para a Virgem seria o fim de um pesadelo, e daria graças a Deus que assim recompensava a sua confiança, o seu abandono.

No entanto, essas são apenas considerações pessoais, humanas. O que José compreendeu era muito diferente. Compreendeu que sua esposa era nada menos que Mãe de Deus; que ele era o afortunado descendente de Davi por meio do qual se realizariam as profecias messiânicas; que a sua união com Maria era algo totalmente distinto do que ele imaginava: Deus confiava logo a ele as pessoas mais amadas e preciosas que já existiram: Jesus e Maria. Compreendeu e aceitou com gratidão o seu papel, do qual se sentira absolutamente indigno. Aqui devemos descobrir verdadeiramente o plano de Deus com relação à figura de José. Nós nos ocuparemos dele na próxima reflexão.

Para concluir, observemos que a profecia de Isaías, "uma virgem conceberá", recebe a sua exata explicação em Mateus. Com frequência as profecias do Antigo Testamento contêm ênfases veladas que só se esclarecem quando se cumprem. Nesse caso, a expressão também não estava clara. O mesmo termo usado por Isaías, *almah*, podia indicar uma menina ou jovem esposa. Apenas com a maravilhosa maternidade de Maria e a referência de Mateus compreendemos o seu sentido pontual: uma virgem.

Reflexões

Sobre Maria — a maternidade divina não a livrou do sofrimento. Talvez a dúvida de José e a incerteza de suas decisões fossem para ela um grande fardo a ser carregado; mas muito maiores e mais frequentes seriam os fardos futuros. Santa Teresa de Ávila nos faz perceber, e com razão, que o Senhor envia mais cruzes àqueles que mais ama. Sua escolha não deu à Virgem uma compreensão dos planos de Deus que a deixasse livre de dúvidas, incertezas e interrogações sem resposta.

Sobre nós — com frequência o caminho de nossas vidas segue um curso totalmente distinto do que previmos. Para nós, José é um grande modelo de disponibilidade. O Senhor não é obrigado a nos dar explicações sobre o seu comportamento. Ele busca aquele que faz a sua vontade, ainda que muitas vezes nada nos diga ou faça para que compreendamos as suas razões. Em algumas ocasiões, exige de nós certa intervenção ativa; em outras, pede-nos um abandono confiado. Ter paciência, calar e esperar são virtudes que muitas vezes nos custam mais do que agir.

Nono dia

Esposos felizes unidos por Deus

"Não tenhas nenhum receio em receber Maria, tua esposa, em tua casa": era esse o maior desejo de José, que, mergulhado naquele sofrimento, temia, sobretudo, ter de renunciar à sua esposa. Desfeita toda dúvida, faltava apenas seguir com as núpcias solenes, ou seja, com a introdução da nova esposa à nova casa, que o esposo já preparava. Os pobres também se empenhavam em preparar aquela ocasião única na vida, e com a ajuda de seus parentes esforçavam-se por solenizar a festa ao máximo. É fácil imaginar que as bodas de José e Maria foram festivas, com muitos parentes e amigos, animadas por música e cantos, durante sete dias, como era costume na época.

Havia, entre os dois esposos, porém, um segredo que apenas eles conheciam: a presença do Filho de Deus, aquilo que os havia unido e para quem viveriam. Por isso José não poderia ignorar a sacralidade do gesto de receber Maria, a nova e autêntica arca de Deus, em sua casa. É evidente, levando-se em conta o conhecimento que todos os hebreus têm da Bíblia, que pensou no texto sagrado: "Davi convocou todo o Israel em Jerusalém para fazer subir a arca do Senhor ao lugar que lhe tinha preparado. [...] Davi disse aos chefes dos levitas que estabelecessem seus irmãos como cantores, com instrumentos de música, cítaras, harpas e címbalos, para que sons vibrantes e alegres se fizessem ouvir" (1 Cr 15, 3 e ss).

Isso, no entanto, não bastava. Era preciso ocupar-se de outro assunto que nos faz compreender a grandeza de José pelo papel que Deus lhe havia confiado e que ele aceitou com entusiasmo. Também ele pode ter dito, consciente de sua pequenez, as palavras de Davi e de Isabel sobre a arca da aliança e a verdadeira arca de Deus: "Quem sou eu para que a mãe de meu Senhor e o próprio Senhor venham a minha casa?". Assim, ele começaria a se dar conta das razões que o ajudavam a entender a sua missão.

Um motivo certo pelo qual ele teria sido escolhido, motivo reforçado pelo anjo na anunciação a Maria e pelo anjo que lhe apareceu nos sonhos: José era um filho de Davi, um membro da casa de Davi; por meio dele, em virtude de sua união com Maria, o Messias cumpriria a profecia de pertencer à família de Davi. A nós talvez pareça pouco; teríamos preferido que Maria pertencesse à linhagem davídica. No entanto, não foi assim. Devemos levar em conta que muitas vezes as profecias messiânicas são genéricas e que Deus as executa com grande liberdade. Desde o princípio, quando o profeta Natan promete a Davi uma casa estável (cf. 2 Sam 7, 16), é natural pensar em uma dinastia real de tempo indeterminado. No entanto, a dinastia davídica terminou com a deportação na Babilônia. Ao retornar do exílio, o único personagem importante entre os descendentes de Davi é Zorobabel, mas este viveu quinhentos anos antes de Cristo. Depois a linhagem de Davi não voltou a ter nenhuma importância política, e as palavras de Natan foram sendo cada vez mais interpretadas segundo o seu sentido messiânico. Deus as fez cumprir com o matrimônio de Maria e José.

José entendeu, além disso, algo muito mais importante: compreendeu quem era a sua esposa e o menino que ela havia concebido. Maria era a mulher tão aguardada, profetizada no Gênesis; a virgem que iluminava, anunciada por Isaías como um sinal de salvação; o filho, concebido por obra do Espírito Santo, era o mesmo Filho de Deus e Deus como o Pai. Compreendeu que o silêncio de Maria tivera um objetivo duplo: guardar o segredo sobre a identidade daquele menino, segredo que o próprio Jesus revelará pouco a pouco, com muita discrição, e não revelar a própria identidade de Mãe de Deus.

Creio que foi esse o momento em que José refletiu seriamente sobre si mesmo, compreendendo o que Deus esperava dele ao confiar-lhe Jesus e Maria. Se, antes, estimava Maria a ponto de acobertar a todo custo a sua infidelidade, depois essa estima transformou-se em sincera veneração: José é o autêntico, o primeiro e o maior devoto de Maria Santíssima. E mais. Nos primeiros séculos do cristianismo, a figura de José era mais estudada e conhecida do que é hoje. Penso, por exemplo, no grande arco coberto de mosaicos de Santa Maria Maior, em Roma, que remonta ao ano 432, em memória do fato de que no ano anterior, em Éfeso, Maria havia sido proclamada a Mãe de Deus. Observando as diversas cenas, vemos que José se destaca em quatro delas: é visto como o chefe da Sagrada Família e da Igreja, representante do bispo, testemunha e guardião da virgindade de Maria, protetor e educador de Jesus.

Em relação ao próprio Jesus, o segredo que José guarda em seu coração, junto com Maria, é a identidade divina daquele filho. Mas também é a missão daquele menino, que o anjo lhe havia revelado com as palavra: "A quem porás o nome de Jesus, porque Ele salvará o seu povo de seus pecados" (Mt 1, 21). Aqui temos estabelecida a missão pela qual o Filho de Deus se fez homem: para salvar, redimir do pecado e reabrir as portas do céu. Justamente ele, José, seria o formador, o educador — no aspecto humano — do Filho de Deus, para prepará-lo.

Neste ponto não é difícil compreender o alegre "sim" de José, não menos satisfeito do que o *fiat* de Maria, ao papel que lhe atribuía o Pai. Seu matrimônio seria diferente do que ele acreditava e ao que se propunha, mas era imensamente maior. Quando Deus chama a uma missão extraordinária, sempre exige a renúncia aos projetos e planos humanos. Assim foi com Abraão, quando o convidou a deixar sua casa e sua terra e partir, sem dizer para onde o levaria. Foi assim também com os profetas (basta pensar em Amós), que só pensavam em seguir adiante com o simples trabalho de seus pais; e com os apóstolos, convidados a abandonar tudo para segui-lo. E continua agindo assim com todo aquele a quem convida a uma dedicação total a Ele.

Quando, em 8 de dezembro de 1870, Pio IX proclamou São José "patrono da Igreja universal", muitas pessoas acharam que invocava uma proteção a mais no momento em que o poder temporal dos papas estava para desaparecer. Por outro lado, tratava-se do reconhecimento de um dado evangélico: confiando a José a pessoa de Jesus, Deus lhe confiou também seu corpo místico, a Igreja.

Reflexões

Sobre Maria — sua confiança e seu abandono em Deus tiveram plena recompensa, mas também muitas dores. Desde aquele momento Maria conta com a ajuda de alguém de sua máxima confiança, que compartilhará com ela as alegrias e os sofrimentos, como já compartilha com ele os segredos de sua identidade e da identidade de Jesus. As relações entre Maria e José, desde o momento em que sua união havia sido desejada por Deus em total dedicação a Jesus, eram de extremo respeito e colaboração, o casal não tinha relações conjugais, mas havia um amor verdadeiro, um amor que não está nos sentidos.

Sobre nós — a disponibilidade para os planos de Deus, expressos em nossos dons e nas circunstâncias em que vivemos, muitas vezes pode nos induzir a renunciar a projetos e objetivos. O plano de Deus para cada um de nós é sempre um plano de salvação: se cumprirmos a vontade de Deus, toda a nossa vida terá êxito. Além da ajuda de Maria, invoquemos a ajuda de José, sentindo-nos confiados a ele como membros do corpo místico.

Décimo dia

Belém, a casa do plano

"Naqueles tempos, apareceu um decreto de César Augusto, ordenando o recenseamento de toda a terra." Assim diz Lucas, em 2, 1, narrando o grande acontecimento da Natividade. Deus se serve das causas segundas, que a nós nos parecem frutos do acaso, para cumprir os seus desígnios. O profeta Miqueias tinha profetizado que o Messias nasceria em Belém, e o Senhor se serviu dessa circunstância para que Jesus nascesse justamente ali.

Belém, que significa "casa do pão" (reparemos na referência eucarística), era uma aldeia situada a sete quilômetros de Jerusalém; hoje em dia é uma cidade pequena em crescimento constante, pois está quase unida à grande cidade. Na Bíblia, Belém é mencionada muitas vezes: de lá saiu Noemi com seus dois filhos casados, que morreram sem deixar herdeiros. Depois, Noemi voltou à sua terra natal, acompanhada pela moabita Rute, uma de suas noras. O relato bíblico, no livro que deve o nome a Rute, menciona com admiração a opção dessa estrangeira. Convidada por Noemi a voltar à sua casa, Rute fez uma escolha arriscada e de fé: "O teu povo é meu povo e o teu Deus, meu Deus" (Rt 1, 16). Ela se casará com Booz e será digna de fazer parte da genealogia do Messias, tornando-se bisavó de Davi. Em Belém, Davi será ungido rei por Samuel, quando ainda reinava Saul, na presença de seus irmãos.

São grandes acontecimentos para um povoado tão pequeno. O maior deles, porém, que tornará Belém conhecida em todo o mundo, será o nascimento de Jesus.

Na ocasião do recenseamento, José é acompanhado por Maria. Notemos que as mulheres não eram obrigadas a inscrever os seus nomes; talvez José não quisesse se separar de Maria na iminência do parto, ou talvez quisesse inscrevê-la no censo entre os componentes da família de Davi, para que o menino também estivesse entre os membros da família. "Não havia lugar para eles na hospedaria" (Lc 2, 7). Creio que a escolha dos santos genitores foi ditada pela conveniência, levando-se em conta o evento que estava para realizar-se em Maria. É certo que os parentes, tão hospitaleiros entre os hebreus, os teriam acolhido, mas as casas tinham apenas um cômodo, no qual se estendiam tapetes durante a noite para descansarem todos juntos. Logo, não era a melhor solução. Na caravana havia acomodações, mas eram pagas e, consequentemente, não adequadas para os pobres; eles poderiam abrigar-se sob o pórtico, junto com os demais, mas essa solução também não era satisfatória. Seria melhor uma gruta isolada, onde os pastores e o gado se abrigavam em certas ocasiões. Era um local pobre e discreto, tranquilo.

É aqui que nasce Jesus — como um miserável, diríamos. No entanto, quanta majestade a seu redor! Ainda hoje, contemplando Belém desde o "campo dos pastores", especialmente na hora do pôr do sol ou à noite, ficamos encantados com a paisagem rodeada de colinas, a vegetação e o céu, sempre azul. Jesus era recebido, acima de tudo, pelos dois corações mais puros do mundo. Os bizantinos expressam isso tudo com uma belíssima oração natalícia: "O que o oferecemos, ó Cristo, por ter surgido na terra feito homem? Cada criatura criada por Ti te oferece o seu reconhecimento: os anjos, o canto; os céus, uma estrela; os magos, os presentes; os pastores, sua admiração; a terra, uma gruta; o deserto, uma manjedoura. Mas nós te oferecemos por mãe a Virgem Maria."

São Francisco, com sua grande sensibilidade, quis reproduzir a cena da Natividade; assim difundiu os presépios que contemplamos nesses dias nas igrejas, nas casas, e com frequência nas mesmas praças, nos caminhos e nas vitrines das lojas. Repetimos com confiança, em meio às preocupações que nos angustiam, as consoladoras palavras de Isaías: "Um menino nos nasceu, um filho nos foi dado" (Is 9, 5): o Filho de Deus.

Maria brilha mais do que nunca no Natal, por sua máxima elevação: Mãe de Deus. No Evangelho nunca lemos essa expressão, mas Maria é considerada e chamada continuamente "mãe de Jesus", e diz-se claramente que Jesus é Deus. Quando, portanto, os primeiros escritores cristãos usaram o termo *Theotokos* (mãe geradora de Deus), não encontraram nenhuma oposição. Foi Nestório quem se opôs a esse título pois havia incorrido em um erro cristológico: acreditava que, em Jesus, havia duas pessoas, a humana e a divina, e Maria era mãe apenas da pessoa humana, somente de um homem. Surgiu, então, a polêmica que estabeleceu o Concílio de Éfeso, no ano 431. A preocupação do Concílio foi, principalmente, cristológica: definiu que em Jesus há uma única pessoa, a pessoa do Verbo, que, encarnando-se em Maria, associou a natureza humana à divina. Consequentemente, Maria é a verdadeira Mãe de Deus, já que seu filho é, realmente, Deus.

Para não incorrer em erros, é importante compreender adequadamente esta verdade. A intenção nunca foi fazer de Maria uma deusa; ela segue sendo uma humilde criatura como nós, que teve a necessidade de ser redimida em Cristo. Esse título tampouco significa que Deus precise de uma mãe que transmita a divindade. O título de Mãe de

Deus é um título cristológico: significa que Jesus, nascido de Maria, é verdadeiro Deus. Com esse título se afirma que Jesus é Deus desde o primeiro instante de sua concepção; por isso Maria é mãe de um filho que é Deus, e por isso a proclamamos, com razão, "Mãe de Deus".

Esses conceitos são muito claros para os católicos. Mas devemos saber expressá-los com exatidão, para responder às eventuais objeções. Acrescentaremos que nem mesmo os ortodoxos e os protestantes têm dúvidas sobre os dois principais dogmas marianos definidos desde a antiguidade, anteriores a qualquer cisão: Maria, Mãe de Deus, e Maria sempre virgem. As dificuldades, especialmente para algumas confissões da Reforma Protestante, estão relacionadas aos dois últimos dogmas marianos mais recentes: a Imaculada Conceição e a Assunção. Em relação a essas verdades, têm posições diferentes; várias confissões as propõem como uma possibilidade na qual se pode ou não crer. Porém, talvez a maior dificuldade venha de outros títulos marianos que atribuímos à Virgem e do culto que lhe prestamos.

Reflexões

Sobre Maria — o dia do nascimento de Jesus certamente foi um dos mais jubilosos de sua vida, e por isso não sentiu as agruras de sua situação precária. A grandeza de Maria, Mãe de Deus, não tomou nada de sua humildade, de seu hábito de atribuir tudo ao dom gratuito de Deus. Por isso, ela se oferece a nós com seu encanto maternal.

Sobre nós — pensemos na alegria do Natal com sentido religioso, para agradecer ao Pai, adorar o Filho e nos abrirmos à iluminação do Espírito Santo. Podemos refletir sobre a acolhida que dispensamos a um Deus feito homem. É importante saber enxergar a humildade de sua vinda para compreender que Ele veio para nos salvar e redimir. Quando voltar, no esplendor da glória, virá para julgar e dar a cada um o que cada um merece. Confiemo-nos na Mãe de Deus para que nos faça conhecer cada vez mais o Filho de Deus e filho seu.

Décimo primeiro dia

A fé dos pequenos

Deus prefere decididamente os pequenos, os pobres, as pessoas que, segundo os critérios humanos, não importam. Era justo, portanto, que o primeiro anúncio do nascimento do Messias ocorresse em meio ao povo hebreu, e esse é um dos principais significados de todo o episódio. Porém, depois nos são reveladas as preferências de Deus na escolha dos primogênitos. Na época, apesar da importância do pastoreio na economia de Israel, os pastores não tinham boa fama — basta lembrar que não podiam ser eleitos juízes nem dar testemunho nos tribunais. Nas palavras de hoje, podemos dizer que não tinham direitos civis. E justamente a eles Deus faz a revelação angélica com as seguintes palavras: "O anjo disse-lhes: 'Não temais, eis que vos anuncio uma Boa-nova que será alegria para todo o povo: hoje vos nasceu na Cidade de Davi um Salvador, que é o Cristo Senhor. Isto vos servirá de sinal: achareis um recém-nascido envolto em faixas e posto numa manjedoura'" (Lc 2, 10-12).

Isaías já havia profetizado, entre os sinais messiânicos, que o Evangelho seria anunciado aos pobres. Aqui temos a sua primeira realização, e os pobres estão sempre dispostos a crer e a mover-se. O sinal de reconhecimento é bastante significativo, não é genérico, como nos poderia parecer. Além de indicar a pobreza humana daquele menino, orienta os passos para encontrá-lo. Até mesmo nas famílias mais pobres, quando uma mãe esperava um filho, preparava-se um cesto, um berço para colocá-lo, e o fato de que um menino tivesse sido colocado em uma manjedoura queria dizer não só que era uma criança pobre, mas também que estava entre as pessoas em trânsito. Chegando a Belém, não seria difícil informar-se se havia uma mulher que estava perto de dar à luz e obter indicações sobre o seu paradeiro.

Os pastores veem e creem. Veem um pequenino chorando e creem que é o Messias prometido. Felizes por estarem ali, são os primeiros que se convertem em pregadores de Cristo, anunciando a Boa-nova de que o Salvador nasceu. Falam com simplicidade do que ouviram dos anjos e do que viram, sem temor ou pudor humano; não se incomodam se acreditarão neles ou se farão troça, basta-lhes dar o testemunho dos fatos. Foi graças a eles que conhecemos o maravilhoso canto: "Glória a Deus no mais alto dos céus e na terra paz aos homens, objetos da benevolência (divina)" (Lc 2, 14). Esse canto será sempre repetido em nossa liturgia, e os pastores jamais serão esquecidos nas representações do presépio.

As palavras angélicas parecem quase programáticas; são, elas mesmas, um compêndio da obra de Cristo, que vem para dar Glória a Deus e paz aos homens. Dois objetivos intensos e estreitamente ligados: somente glorificando a Deus e observando as suas leis haverá paz no coração de cada homem e na sociedade. Quando os homens reconhecerem a Deus como Pai, perceberão que são irmãos e viverão como tais.

O episódio da visita dos pastores se encerra com uma frase um tanto misteriosa, que Lucas também repete como conclusão do encontro de um Jesus de 12 anos no templo. Parece querer nos dizer que o coração de Maria é o cofre que conserva aquelas lembranças: "Maria conservava todas essas palavras, meditando-as no seu coração" (Lc 2, 19). Esse versículo nos comunica uma meditação sapiencial que Maria faz dos diversos episódios da vida de seu Filho; parece, no entanto, que o evangelista quis nos revelar a fonte de suas informações. Não nos esqueçamos de que Lucas, no início de seu Evangelho, afirma que escreve os acontecimentos "como no-los transmitiram aqueles que foram desde o princípio *testemunhas oculares*" (Lc 1, 2), e insiste em relação a isso acrescentando que resolveu escrever "depois de haver diligentemente investigado tudo desde o princípio" (1, 3).

Queremos reforçar esses passos, pois é muito importante conhecer a fonte das informações de São Lucas não somente em relação ao episódio dos pastores, mas a respeito de toda a parte de seu livro conhecida como o Evangelho da infância, ou seja, em relação ao que acabamos de dizer. A lembrança das testemunhas oculares (Lucas não se contentou com os testemunhos indiretos) e da investigação desde as origens confirma o que dizem os Padres da Igreja e exegetas, que afirmam que a fonte de informação de Lucas foi a própria Virgem.

Resumo as palavras de Aristide Serra, um biblista contemporâneo, professor da Pontifícia Universidade Marianum, que afirma:

1. Dentro da primeira comunidade apostólica, Maria era a única "testemunha ocular" da encarnação e dos anos da vida privada de Jesus, enquanto eram muitas as testemunhas de sua vida pública.
2. Pentecostes possibilitou a todos não apenas compreender profundamente, mas "testemunhar" o que tinham visto e ouvido, ainda que nem todos tivessem sido chamados a "evangelizar". Além disso, Maria demonstra, no *Magnificat*, que está plenamente consciente das grandes coisas que Deus lhe havia atribuído. Incumbia-lhe, por exemplo, o dever, tão mencionado pelo Antigo Testamento, de transmitir, de geração em geração, as grandes obras de Deus.

3. Com essas premissas não parece possível imaginar que a Virgem permanecesse calada, voltada a si mesma, protetora dos mistérios divinos de que havia sido protagonista. É claro supor, por outro lado, que derrama sobre a Igreja os tesouros que guardava o seu coração e que não lhe pertenciam. Por isso é justo imaginar Maria sempre pronta a "testemunhar" os fatos aos apóstolos e àqueles que, para ensinar ou escrever, recorriam a ela como a única fonte segura. Sabemos que Lucas estava entre eles.

Não deveríamos nos surpreender ao saber que, depois de tudo o que Lucas escreveu sobre a Virgem, há uma tradição que o considera como "o pintor de Maria". Em muitas igrejas, veneram-se imagens marianas que recebem o título de "Virgem de São Lucas". São sempre ícones do tipo chamado "hodegétria" (que indica o caminho). Os mais antigos remontam ao século VI, e os mais famosos, aos séculos XII-XIII. Está claro que não são obras de São Lucas, que foi o "pintor" de Maria em razão de ter escrito os principais fatos de sua vida.

Reflexões

Sobre Maria — é a primeira que nomeiam os pastores quando se aproximam da gruta. Parece que é ela que apresenta Jesus, iniciando assim a sua preciosa missão: aquele menino nascido de seu ventre não lhe pertence, pertence ao Pai e à humanidade. Em vez de olhar para Ele com olhos possessivos, apresenta-o e o oferece, colaborando desde o princípio com a sua missão.

Sobre nós — é preciso que nos façamos pequenos, "fazermo-nos crianças", para compreender os segredos de Deus. Isso implica uma disponibilidade e uma humildade que todos nós possuímos. A vida da Igreja nos apresenta também a muitas pessoas eruditas, ou com cargos de grande prestígio e responsabilidade (incluindo reis e princesas), dotadas de tamanha humildade de coração e disponibilidade para com Deus que estariam aptas a compreender e viver a sua doutrina. Os pastores veem e dão o seu testemunho; Maria conhece e não hesita em revelar as grandezas de Deus. Todo cristão deve sentir-se no dever de dar testemunho da fé que o anima.

Décimo segundo dia

O nome da salvação

"Completados que foram os oito dias para ser circuncidado o menino, foi-lhe posto o nome de Jesus, como lhe tinha chamado o anjo, antes de ser concebido" (Lc 2, 21). A circuncisão, também praticada por outros povos, transforma-se em um rito sagrado com Abraão, quando Deus a impõe como sinal de pertencimento ao povo escolhido. Impunha o dever de praticar as leis dadas por Deus e, ainda que se tratasse de um sinal externo, não era uma simples formalidade: cada vez mais os profetas falavam da "circuncisão do coração", ou seja, de abrir a alma ao amor de Deus e do próximo. Hoje, para pertencer ao novo povo de Deus, Jesus institui o batismo, no qual se pronunciam as promessas que resumem os principais compromissos do cristão.

O ritual da circuncisão, efetuado na casa do pai ou de outra pessoa com prática, foi cumprido com Jesus; e a partir daquele momento Ele passou oficialmente a fazer parte do povo hebreu, pertença que ninguém havia forçado. Um rito e um nome: depois daquele evento a salvação já não dependia desse rito, mas do nome. O nome tinha grande importância para os hebreus por causa dos familiares, que carregavam o mesmo nome, e das personalidades bíblicas que evocava. Por outro lado, quando o nome era imposto pelo Céu, ou alterado por vontade divina, adquiria uma importância ainda maior, pois indicava a missão que o Pai estabelecia.

Jesus significa "salvador". "Ele salvará o povo de seus pecados", disse o anjo a José. É uma missão nova em relação ao que o povo esperava do Grande Profeta: a libertação dos romanos e a grandeza política — mas é maior, infinitamente maior. Jesus veio para destruir a obra de Satanás, como afirma João; para libertar todos aqueles que se encontram sob o jugo do demônio, como diz São Pedro a Cornélio. É o nome da salvação e da graça. Pensemos em alguns textos evangélicos: "E tudo o que pedirdes ao Pai em meu nome, vo-lo farei, para que o Pai seja glorificado no Filho" (Jo 14, 13); "Expulsarão os demônios em meu nome; imporão as mãos aos enfermos e eles ficarão curados" (cf. Mc 16, 17-18); "Aquele que der ainda que seja somente um copo de água fresca a um destes pequeninos não perderá sua recompensa" (cf. Mt 10, 42). Quando fazem o primeiro milagre em nome de Jesus, curando um paralítico que mendigava na porta do templo, Pedro e João proclamam em alta voz: "Ficai sabendo todos vós e todo o povo de Israel: foi em nome de Jesus Cristo Nazareno [...]. Em nenhum outro há salvação, porque debaixo do céu nenhum outro nome foi dado aos homens, pelo qual devamos ser salvos" (At 3 e 4, 10, 12).

Um grande pregador, São Bernardino de Siena, distribuía por todos os lados placas e quadros para que fossem colocados nas portas das casas ou fazia gravar, no batente da porta de entrada, um sol radiante com as três letras: JHS (*Jesus Hominum Salvator*, Jesus Salvador dos homens). Quando pregava em uma cidade, queria que nas portas de entrada das casas de todas as famílias tivesse uma alusão ao nome que salva. Tratemos de compreendê-lo: o nome de Jesus tem uma força extraordinária, mas não é uma palavra mágica. A força vem da fé que a pessoa do Senhor invoca. Ele é invocado com esse nome, que indica a sua missão, tendo encarnado por "nós, os homens, e por nossa salvação", como repetimos no Credo. Aquele que acredita que vai obter algum efeito invocando o nome de Jesus automaticamente, sem uma fé profunda em sua pessoa divina, nada alcançará.

O episódio sobre o qual estamos refletindo, no entanto, contém também outra verdade de importância excepcional. Apenas nessa ocasião, na qual se celebra a circuncisão (a pertença ao povo hebreu) e a imposição do nome de Jesus (aquele que salva), uma nova realidade é revelada — nova, inquietante, uma autêntica ruptura. A partir desse momento a salvação já não depende da circuncisão, mas do nome de Jesus. Hoje nos custa compreender a dificuldade quase trágica com a qual depararam aqueles primeiros cristãos, que eram hebreus piedosos e praticantes. Seguiram frequentando o templo diariamente como fiéis observadores das leis que Deus havia dado a seus pais. A dificuldade, porém, surgiu com a conversão dos pagãos, e se manifestou com toda a fúria quando Paulo e Barnabé começaram a pregar com tanto êxito. O problema aparece nesse momento: esses devem ser circuncidados? A circuncisão, vale a pena lembrar, implica da mesma maneira a observância de todas as leis dadas ao povo eleito.

Foi a primeira grande dificuldade a ser enfrentada no tempo apostólico. Posteriormente, afirmar-se-ia que o mundo estava pronto para tornar-se cristão, mas que nunca teria aceitado tornar-se hebreu. Paulo advertiu para a gravidade do perigo quando começou a pregar que a circuncisão já não tinha utilidade, pois a salvação dependia da fé em Jesus Cristo. Foi fortemente acusado pelos judeus cristãos, ou seja, pelos cristãos provenientes do judaísmo em todas as localidades aonde ia. A questão foi, então, submetida aos apóstolos reunidos em Jerusalém: a convocação do primeiro Concílio. Houve uma discussão inflamada — levemos em conta a mentalidade daqueles hebreus que se haviam tornado cristãos: viviam na fé de seus pais as promessas que se tinham cumprido em Jesus, hebreu, circuncidado, observante da lei, atendendo, no entanto, à Sua substância. Devemos compreender, mesmo assim, as dificuldades teológicas: se fosse necessária a circuncisão, negava-se que a salvação dependesse de Jesus Cristo. Além disso, bloqueava-se de uma vez a evangelização estendida a todos os povos. Os apóstolos, iluminados pelo Espírito Santo, deram total razão a Paulo: basta de circuncisão, ela não é mais necessária, concluíram.

Assim aconteceu a ruptura definitiva entre a Sinagoga e a Igreja: somos salvos pela fé em Jesus Cristo, aquele que reconcilia em si o povo da antiga aliança e o novo povo de Deus. Posteriormente, a Igreja passou por problemas análogos, não tão trágicos quanto aquele primeiro; problemas que, em qualquer caso, malcompreendidos ou mal resolvidos, impediam o evangelho. Pensemos, por exemplo, na incompreensão dos ritos da China e de Malabar nos tempos de Bento XIV. Houve épocas em que parecia ser necessário ocidentalizar-se para ser cristão. A abertura decisiva, ainda que sem se aplicar integralmente, operou-se com o Concílio Vaticano II, especialmente na constituição pastoral *Gaudium et spes*, na qual se proclama o respeito pelas culturas, nas quais é preciso valorizar tudo o que é compatível com o cristianismo.

Reflexões

Sobre Maria — a virgem viu o primeiro sangue derramado por seu Filho e seus sofrimentos; talvez tenha visto nele algo profético. A alegria de chamar Jesus pelo nome, significativo daquela missão da qual ela já se havia beneficiado antecipadamente: compreendeu que aquele nome seria uma bênção para toda a terra.

Sobre nós — reflitamos sobre o batismo, que nos foi dado por vontade de Jesus em nome da Trindade e nos torna membros do novo povo de Deus, partícipes da natureza divina, membros de Cristo, unidos à sua missão sacerdotal, profética e real, e nos confere o Espírito Santo. Invoquemos com fé o nome de Jesus, aprofundando a sua força.

Décimo terceiro dia

Jesus oferecido ao Pai

Deus havia ordenado a Moisés que todos os primogênitos fossem resgatados por pertencerem a Ele. Era uma reminiscência daquela décima e definitiva praga do Egito, que havia exterminado todos os primogênitos egípcios, poupando os primogênitos dos hebreus. Foi o episódio crucial que induziu o faraó a deixar o povo eleito partir.

Nos tempos de Cristo bastava enviar ao templo a oferenda de cinco siclos de prata, correspondentes mais ou menos ao salário de dois meses de trabalho, e também dois animais (os mais pobres ofereciam dois pombos), um para o sacrifício, outro para a purificação que a mãe devia fazer. Quando o primogênito era homem, tudo isso era feito quarenta dias depois do nascimento.

Lucas quer destacar que os dois jovens esposos fizeram tudo o que determinava a lei de Moisés, mas na realidade descreve o comportamento de Maria e José com particularidades únicas, que revelam que eles cumpriram aquele rito escrupulosamente, ordenado de uma forma que velava uma realidade só cumprida em Jesus.

Primeiramente, não estava prescrito que os esposos fossem ao templo. A iniciativa — mesmo que a proximidade entre Belém e Jerusalém facilitasse essa homenagem não exigida — nos diz que fizeram mais do que o devido. Na Bíblia, não encontramos nenhum outro exemplo parecido. Depois, Lucas fala de "sua purificação", incluindo José. Esse detalhe também revela um fim profundo.

Os santos cônjuges, por incontestável inspiração divina, realmente ofereceram aquele filho ao Pai, ao que era o verdadeiro Pai. Fica evidente, portanto, que é oferecido pelos pecados — que é sua missão. Por isso, Lucas uniu José e Maria: os dois esposos se transformam nos representantes de todo o povo, a fim de que a oferenda de Jesus se fizesse em um contexto de purificação.

O valor deste episódio é profético. Não nos esqueçamos de que Lucas sempre vê Jerusalém como a cidade da paixão. Para nós, o rito de purificação da mãe não tem nenhuma importância aqui; por outro lado, grande importância tem a oferenda do filho, a verdadeira oferenda sacrificial. Maria se associa a ela compreendendo o seu significado, ainda que intua apenas vagamente tratar-se de um presságio e da antecipação de uma oferta muito diferente — a da cruz. A cruz será a salvação de toda a humanidade, e Jesus já é proclamado "luz dos povos".

Com efeito, nesse momento se coloca um fato que completa e explica plenamente a oferenda sacrificial que acabam de fazer: o encontro com Simeão. Esse piedoso israelita havia recebido uma promessa do Espírito: "Não morreria sem primeiro ver o Cristo do Senhor" (cf. Lc 2, 26). É o Espírito que o impulsiona a ir ao templo naquele dia e o Espírito que, em meio ao hábito de ir e vir do lugar sagrado, o conduz até os jovens esposos. Ele se dirige à mãe para pedir um favor: quer segurar o menino em seus braços, olhar bem para ele, fazer uma oração, o que faz os santos cônjuges compreenderem que o Senhor revelara a Simeão a verdadeira identidade daquele menino. É uma oração que se repete todas as noites nas Completas, e que poderia ser resumida assim: "Agora, Senhor, deixai o vosso servo ir em paz, segundo a vossa palavra. Porque os meus olhos viram a vossa salvação...", e ao menino chama "luz para iluminar as nações e para a glória de vosso povo de Israel" (cf. Lc 2, 29-32).

Nesse momento, porém, o encontro com o santo ancião adquire outro viés. Talvez o rosto de Simeão se tenha obscurecido ao se dirigir àquela, a verdadeira mãe, para anunciar uma profecia dupla e dolorosa sobre o menino e sobre ela própria — uma profecia totalmente relacionada à missão de seu filho. Quem sabe quão dolorosas foram aquelas palavras para o coração de Maria: "Este menino está destinado a ser uma causa de queda e de soerguimento para muitos homens em Israel, e a ser um sinal que provocará contradições", palavras duras, que pesarão sobre cada um de nós quando formos julgados com base em nossa aproximação ou afastamento de Jesus e seus ensinamentos. Nossa resposta e nosso comportamento determinarão se Jesus será para nós a salvação ou a ruína. Não são menos duras as palavras proféticas que Simeão dirige à mãe: "E uma espada transpassará a tua alma para que se descubram os pensamentos de todos" (cf. Lc 2, 34-35).

A profecia sobre Jesus mostra claramente que ninguém pode permanecer indiferente diante de sua pessoa. Ele mesmo chegará a dizer: "Aquele que não está comigo está contra mim." Aqui na terra muitos têm a ilusão de poder adotar mais ou menos o seguinte comportamento: "Senhor, não tenho nada contra você, mas me deixe em paz, assim ficamos todos bem." Como se não dependêssemos totalmente de Deus, em quem "vivemos, nos movemos e existimos", segundo a expressão de Paulo no discurso dirigido aos atenienses (cf. At 17, 28). Como se não tivéssemos sido criados por Deus em vista de Cristo e para Cristo. Consequentemente, se o Senhor não nos sustentasse, nos fundiríamos ao nada. Como se pudéssemos tratar com Deus de igual para igual, impondo as nossas condições.

A profecia de Maria é mais difícil de explicar. Por que é necessário que uma espada lhe traspasse a alma, ou seja, atravesse toda a sua vida, para desvelar os pensamentos mais ocultos dos corações humanos? Nessas palavras poderíamos ver uma união dos sofrimentos de Maria aos sofrimentos de seu Filho, e uma alusão à derradeira separação quando do Juízo.

Nesse momento, estando Maria e José estupefatos, era um bálsamo para eles a presença da anciã Ana, também ela repleta do Espírito Santo, que demonstra ter recebido uma revelação plena sobre a autêntica identidade de Jesus, pela qual louva o Senhor e fala daquela criança apontando-o como o Salvador para aqueles que esperavam a redenção de Jerusalém (cf. Lc 2, 36-38), ou seja, dirige-se aos pequenos, a quantos têm o coração disposto a aceitar os planos de Deus e esperam confiantemente o seu desenvolvimento.

Reflexões

Sobre Maria — vemos Maria, principalmente, em atitude de oferenda: oferece não só a si mesma, mas também aquele filho que é seu, e, no entanto, não é para ela. Oferece-o ao Pai para salvar os homens de seus pecados. A admiração com que, junto de José, assiste a esses feitos nos diz como o Senhor a preparava pouco a pouco, por um duro caminho de fé. A profecia de Jesus é bivalente: de alegria e de dor. A profecia sobre Maria, porém, é apenas uma promessa de sofrimento constante.

Sobre nós — oferecer-se ao Pai para que se cumpram em nós os seus desígnios. Tomar, decididamente, uma posição em relação a Cristo. Quem é Jesus para mim? Como posso conhecê-lo para obedecer-lhe? Entendo que sua oferenda sacrificial é por minha salvação, mas que depende de mim para que me seja aplicada como redenção?

A figura de José parece ficar à sombra nesse episódio; no entanto, se nos detivermos aos protagonistas, José é aquele que melhor nos representa: participa e recebe os frutos da redenção.

Décimo quarto dia

A homenagem dos pagãos

Mateus nos conta da visita dos Reis Magos ao menino (cf. Mt 2, 1-12). Esses sábios, vindos do Oriente, provavelmente da Arábia, eram especialistas em astronomia, ciência estudada desde os tempos antigos. Deus se adapta aos diversos costumes e mentalidades: para anunciar aos pastores o nascimento de Jesus, por serem hebreus que conhecem perfeitamente, pela Bíblia, a existência dos anjos, vale-se desses mensageiros celestes; por outro lado, para avisar a esses sábios pagãos, vale-se de um sinal de acordo com os seus conhecimentos: uma estrela extraordinária, decerto milagrosa, a ponto de indicar um acontecimento grandioso que os conduziria à casa da Sagrada Família. Ela não pôde, no entanto, ser identificada como um cometa ou como os astros celestes que nós conhecemos.

Podemos situar esse episódio por volta de um ano antes do nascimento de Jesus, e o deduzimos a partir do fato de que Herodes, calculando o tempo de aparição da estrela, mata todos os meninos de dois anos ou menos. Estamos acostumados a colocar as imagens dos Magos nos presépios, pois a Epifania acontece perto do Natal e é cômodo para nós usar o nascimento preparado anteriormente. No entanto, o Evangelho afirma que os Magos encontraram o menino e sua mãe "em uma casa". É muito provável que o abrigo provisório na gruta tenha durado pouco, quiçá apenas os quarenta dias nos quais uma mãe não podia sair de casa depois do parto. Enquanto isso, José teria ido atrás de um abrigo adequado, retomando o seu trabalho; assim, pouparia o recém-nascido dos incômodos da viagem de volta a Nazaré. Podemos supor que se refugiara de maneira adequada — tanto pela casa, como pelo trabalho, já que, de volta ao Egito, sua primeira intenção será regressar a Belém.

Nesse fato fica reconhecida desde sempre a importância salvífica dessa visita: como Jesus se revelara aos hebreus na pessoa dos pastores, revela-se agora aos pagãos na pessoa dos Magos. A tradição explica o valor simbólico dos presentes: com o ouro se reconhece a realeza de Cristo; com o incenso presta-se homenagem à sua divindade; a mirra anuncia a sua sepultura. Por serem três presentes chegou-se à conclusão de que os Magos eram três, ainda que a antiguidade nos transmita diferentes números.

Essa homenagem dos pagãos foi certamente prazerosa: uma alegre surpresa para a família, que interrompe por um dia seu refúgio habitual. Porém, nessa ocasião, à alegria pelo reconhecimento do menino, pelos presentes e pela acolhida festiva, a dor não tarda a se juntar. O final é definitivamente trágico. Os Magos são advertidos em sonhos que não retornem até Herodes e comunicam a José, também em sonho, que fuja para o Egito, ou seja, para o estrangeiro, pois "Herodes vai procurar o menino para o matar" (Mt 2, 13).

A história nos fala de Herodes, o Grande, como um construtor de obras grandiosas, além de reconstrutor do templo de Jerusalém, mas nos informa, na mesma medida, de sua crueldade sem igual, especialmente contra os rivais políticos ou os considerados como tais. Entre seus diversos massacres, lembramos que mandou matar três filhos e duas esposas. Com sede de poder, conseguira que os romanos lhe dessem o título de rei e não lhe passava sequer pelo pensamento a existência de possíveis rivais. Por isso se inquieta com a pergunta dos

Magos: "Onde nasceu o rei dos judeus?". Para um soberano tão cruel, matar os meninos com menos de dois anos do povoado de Belém não era nada (cf. Mt 2, 16-18). Calcula-se que esse número variava entre vinte e trinta. Não hesitou em cometer esse crime terrível assim que percebeu ter sido enganado pelos Magos, que voltaram a seus países sem passar por ele e dizer onde estava a criança, o futuro rei. Foi um infanticídio atroz, como a supressão de qualquer vida humana. Mas isso não evita o horror do terrível assassinato de seres inocentes que, com a aprovação de leis absurdas, são eliminados em nossos países considerados civilizados.

A profecia de Simeão começou a cumprir-se logo: Jesus seria sinal de contradição e Maria seria atravessada por uma espada. Os pastores e os magos foram à procura do menino para adorá-lo; Herodes o procura para matá-lo. A presença de Jesus, ainda que tenha vindo por nossa salvação, incomoda a alguns. Podemos imaginar que o anúncio feito pelo anjo acerca do perigo iminente que ameaçava o menino colocara asas nos pés dos membros da Sagrada Família (cf. Mt 2, 13-15). Fogem imediatamente, compartilhando assim da sorte dos fugitivos, dos perseguidos políticos, daqueles que se veem obrigados, pela perversidade humana, a abandonar tudo e todos para enfrentar o desconhecido em terra estrangeira.

Sabemos que o evangelista Mateus escreveu o seu relato levando em conta sobretudo as exigências dos judeu-cristãos, e por isso procura enfatizar a realização das profecias. A primeira é justamente que nasceria em Belém, segundo a indicação profetizada por Miqueias (cf. Mq 5, 1). Depois, como comentário do massacre de inocentes, refere-se ao que escreve Jeremias sobre o pranto de Raquel (31, 15): relembra assim o pranto das mães que têm os filhos assassinados. Por fim, cita a profecia de Oseias (11, 1): "Do Egito chamei meu filho", para nos dizer que também tinham sido profetizados o exílio de Jesus e seu retorno posterior. Nos dois últimos casos, especialmente, notamos certa liberdade de interpretação e adaptação: é muito relevante para nos fazer compreender que a Sagrada Escritura é cheia de significados. Com frequência nos apresenta pessoas ou acontecimentos que têm muitas interpretações. Às vezes, certas referências que a nós passariam batidas, são iluminadas pelo Espírito Santo — o principal autor da Bíblia.

No episódio que acabamos de considerar — da piedosa visita dos Reis Magos ao massacre cruel de Herodes — há uma sucessão de fatos, comportamentos e estados de ânimo que merecem máxima atenção. O centro de tudo é a pessoa de Jesus, e é Ele quem desperta sensações tão diversas, segundo acolhemos ou desprezamos a sua presença.

Reflexões

Sobre Maria — vemos em Maria uma rápida alternância de alegrias e dores: alegria quando o filho é reconhecido, amado, adorado; e dor quando não o compreendem e o perseguem. É justo pensar também na tristeza que sentiria pelo massacre dos inocentes: que culpa tinham eles? É possível que logo seu filho, o Filho de Deus, fosse responsável por desencadear tanta maldade? Talvez nessa ocasião também a fé de Maria tenha sido submetida a uma dura prova: o Filho de Deus via-se obrigado a fugir por causa de um homem mau e perverso.

Sobre nós — esse episódio também nos convida a refletir sobre as nossas posições: com os Magos ou com Herodes. Ser cristãos e viver como cristãos pode, muitas vezes, ser incômodo e despertar o rancor dos demais. Quantas perseguições sofreram ao longo da história passada e contemporânea! A nós cabe a tentação de nos unirmos ao mais forte ou à moda da vez, ou então imitar paixões e interesses. Mesmo a nossa fé pode entrar em crise pelo comportamento de Deus, que não age segundo os nossos parâmetros humanos.

Décimo quinto dia

O retorno ao lar

"Fique no Egito até que eu te avise" (cf. Mt 2, 13), disse o anjo a José. Não há dúvidas de que o céu velava por aquela família santa. A fuga havia sido incentivada pelo temor de que os perseguissem e alcançassem antes de chegarem à fronteira. É muito provável que a pequena família tenha pegado o caminho da caravana que conduzia ao mar a partir de Berseba, passando perto de Gaza; outra estrada costeava o Mediterrâneo até Alexandria — era a famosa *via maris* (caminho do mar), que José certamente conheceria graças aos relatos dos comerciantes e beduínos: uma rota de quatrocentos quilômetros que exigiria cerca de vinte dias de caminhada.

Onde ficariam, por fim? As tradições que estabelecem a residência da Sagrada Família nas imediações do Cairo, provavelmente junto de um grupo de famílias judias, que não era difícil encontrar no Egito, são bastante unânimes. A poucos quilômetros do Cairo, em um local chamado Matarieh, há um sicômoro de muitos séculos, cercado, conhecido como a "árvore da Virgem". Não sabemos nada precisamente, salvo o fato de que sua morada no Egito estendeu-se até um novo aviso. Se abrigariam o melhor possível, dentro da precariedade característica dos exilados ou dos visitantes provisórios, que vivem animados pela esperança de poder voltar logo à sua terra. É razoável pensar que José exerceu o seu ofício, começando tudo desde o princípio: o esforço por obter reconhecimento e confiança e, naturalmente, uma nova clientela.

Acreditava-se que o exílio não duraria muito. Ao ordenar o massacre dos inocentes, Herodes estava próximo da morte. É mais uma vez um anjo que, sempre em sonhos, diz a José: "Levanta-te, toma o menino e sua mãe e retorna à terra de Israel, porque morreram os que atentavam contra a vida do menino" (Mt 2, 20). José recebe, enfim, o esperado anúncio para poder voltar à pátria. Não só morreu Herodes, mas "os que..."; talvez o anjo quisesse tranquilizar José, confirmando que já não havia ninguém que pudesse atentar contra a vida de Jesus, ou pretendeu repetir as palavras que Deus havia dito a Moisés quando fugiu do Egito para se livrar das garras do faraó: "Todos aqueles que atentavam contra a tua vida estão mortos" (Ex 4, 19).

Mais uma vez a pequena família punha-se em marcha, seguindo aproximadamente o itinerário da ida, mas com uma disposição muito diferente: já não havia nenhum perigo e não se dirigiam para o desconhecido, para um país estrangeiro, mas voltavam à sua terra, a seu povo, para perto dos parentes e amigos. Ao longo da viagem, antes de chegar a Belém, onde José havia pensado em ficar, soube pelos companheiros de viagem e peregrinos a situação que iria encontrar. Herodes havia feito um testamento, defendido pelos romanos, segundo o qual repartia a Palestina entre seus dois filhos. A Judeia e a Samaria passavam para o domínio de Arquelau; Galileia e Pereia, para o de Herodes Antipas. Era um verdadeiro problema, pois Belém, que ficava na Judeia, estava nas mãos de Arquelau. Ele era um dos piores filhos de Herodes: não havia herdado a grandeza de seu pai, apenas a crueldade e a vida desregrada, de modo que Augusto o destituiu e o exilou na Gália, no ano 6 d.C., por seus vícios e massacres.

Com razão, pois, José tem um instante de hesitação ao voltar a um lugar onde reinava homem tão perverso. Uma vez mais um anjo confirma, em sonhos, que os seus temores têm fundamento, e por isso

José volta a Nazaré, sua aldeia natal. Nesse ponto, podemos imaginar a acolhida festiva que receberia por parte dos parentes e amigos. Vale lembrar, também, uma peculiaridade dos hebreus: toda propriedade, casa ou terreno, por mais pobre que fosse, era conservada com grande respeito ao proprietário legítimo, mesmo que ele se ausentasse por muito tempo. Podemos pensar na alegria de voltar ao lar, por mais modesto que fosse. O pequeno Jesus, que tinha uns três ou quatro anos, chegava a Nazaré pela primeira vez e seria o centro de uma alegre acolhida.

Nesse momento, Mateus, tão cuidadoso para não se esquecer de nenhuma profecia, apresenta um verdadeiro quebra-cabeça para os pobres biblistas: afirma que José escolheu Nazaré para que "se cumprisse o que foi dito pelos profetas: 'será chamado Nazareno'" (2, 23). É uma referência vaga, da qual não temos confirmação. Marcos e Lucas falam com mais simplicidade e clareza sobre Jesus "nazareno", ou seja, habitante de Nazaré. Sabemos que os primeiros cristãos eram chamados "nazarenos", ou seja, seguidores de uma pessoa procedente do obscuro povoado de Nazaré, com um tom de desprezo. É apenas na cidade cosmopolita de Antioquia, onde ocorriam as primeiras conversões em massa de pagãos, que começam a usar o nome de "cristãos", atribuindo-o aos seguidores de Cristo, nome que será definitivo.

Pelos hábitos e costumes do tempo podemos ter uma ideia da vida cotidiana da pequena família. Jesus, desde os cinco anos, começa a frequentar regularmente a sinagoga e a iniciar-se no ofício de seu pai. Maria cuidava da casa e da horta e ia todos os dias buscar água na fonte, revivendo os dias de sua infância — toda a jornada é acompanhada pela oração. Para os hebreus não há distinção entre tempos sagrados e profanos: toda ação se torna sagrada pela bênção que a acompanha, algo parecido com as orações feitas antes das refeições. Conhecemos uma centena dessas bênçãos que ofereciam a Deus em cada uma das ações. A vida modesta, humilde, aparentemente quase insignificante do Filho de Deus e de seus santos pais nos ensina o grande valor das ações comuns feitas com amor e oferecidas a Deus. A santidade não consiste em fazer coisas extraordinárias, mas em realizar santamente os afazeres de cada dia.

Reflexões

Sobre Maria — sua tranquila permanência no país estrangeiro: o desejo do Pai é o meu também. A alegria de voltar à pátria, alegria de ver o filho crescer e de educá-lo no ambiente hebreu. Sua confiança total em José e a satisfação de saber que era iluminado por Deus. O desenrolar humilde da vida cotidiana, que ocultava de todos a grandeza real do filho e a sua própria. A vida de então era atribulada: a casa, a horta (decerto Maria tinha as mãos calejadas, de trabalhadora do campo), o cuidado dos animais domésticos, a moenda de trigo para fazer o pão...

Sobre nós — saber esperar pelos planos de Deus com total disponibilidade e confiança. Os caminhos de Deus são, muitas vezes, os mais difíceis. A dedicação ao trabalho cotidiano para ganharmos o pão com o suor de nosso trabalho, a monotonia da vida de cada dia; fazer tudo com amor, oferecendo-o a Deus: esse é o caminho normal através do qual nos santificamos.

Décimo sexto dia

Um menino impressionante

Costumamos indicar este episódio como "a perda e o encontro de Jesus no templo" (cf. Lc 2, 41-51). Na realidade o fato nos faz refletir sobre a missão de Jesus professor, sobre a sua consciência de ser o Filho de Deus e sobre a redenção pela cruz. É um acontecimento que tem grande importância profética, o único que nos narram os Evangelhos, interrompendo o longo silêncio sobre os anos passados por Jesus em Nazaré.

Um estudo detalhado, o qual aqui nos limitaremos a mencionar, nos fala do alcance real do episódio. Para São Lucas, como já vimos, Jerusalém é a cidade da crucificação; seu relato evangélico se desenvolve como um único itinerário de Jesus a Jerusalém, onde sofre a paixão. Também as duas outras vezes nas quais Lucas menciona a presença de Jesus na Cidade Santa fazem referência direta ao Calvário. Já o vimos quando Jesus foi apresentado ao templo: a profecia de Simeão sobre o menino e a mãe contém uma referência preciosa. Também no episódio do menino com 12 anos, ainda que não apareça à primeira vista, está implícita a referência ao mistério pascal e confere ao fato um significado de previsão e preparação.

Este é o seu valor profundo. A perda de Jesus e seu desaparecimento são um indício do que será a sua morte. Os três dias de busca, com a ansiedade de voltar a vê-lo, guardam relação com os três dias que passou no sepulcro. O feliz reencontro é como um prenúncio de sua gloriosa ressurreição.

Temos, pois, um vislumbre do drama da cruz, com seu aspecto de sofrimento atroz orientado à gloriosa conclusão. Por isso o fato é visto como antecipação profética e preparação para o mistério pascal, mistério de morte e ressurreição, de dor que se transforma em glória, de derrota que se torna vitória.

Analisemos um detalhe. Os escribas e fariseus mostravam-se muito acolhedores, nos locais avizinhados ao templo, com os jovens que apareciam em Jerusalém na ocasião da Páscoa. Era um momento importante para tratar com aqueles grandes especialistas da Sagrada Escritura, que dedicavam a vida a esse estudo e à pregação. Com frequência tratava-se de personagens famosos, cujas sentenças eram proferidas mesmo nos povoados mais remotos. Em família, era o pai que lia e explicava a Bíblia; depois contava-se com a instrução nas sinagogas, onde poderia intervir qualquer um dos presentes. Porém, em Jerusalém encontravam-se aqueles a quem nós chamaríamos teólogos famosos ou professores universitários.

A inteligência de Jesus e suas respostas causam estupor. Não é preciso pensar em seus ensinamentos, "feitos com autoridade". É mais provável que os doutores tenham se admirado ao ver que aquele menino vindo de Nazaré, ou seja, de um povoado sem nenhuma importância e sem escolas rabínicas, tivesse tanto cuidado e tanto conhecimento da palavra de Deus, e soubesse responder com tanta sabedoria às perguntas que lhe eram feitas. Também não é o caso de pensar que Jesus demonstrasse originalidade, mas havia despertado admiração por seu amor à palavra de Deus e por sua dedicação ao interpretá-la de um modo mais adequado ao espírito do que à letra.

O fato de que ficara na cidade sem que os seus pais se dessem conta é facilmente explicado se pensarmos em como eram feitas as viagens em caravanas: partiam em grupos e iam até a primeira etapa estabelecida;

as crianças podiam ir com quem quisessem. Apenas ao chegar ao destino as famílias se recompunham, e quando chegavam os últimos grupos descobriam quem faltava. Assim, depois do primeiro dia da partida e do segundo dia do regresso, com outra caravana, finalmente no terceiro dia os pais encontraram o filho onde haviam pensado que estava.

Não há dúvida de que a importância do episódio é enfatizada com a pergunta de Maria, posta uma vez mais em primeiro plano, e a misteriosa resposta de Jesus: "Filho, por que fez isso conosco?" Talvez, dado o conhecimento que a mãe tinha do filho, ela cogitasse muitas explicações possíveis: "Tomou alguma decisão particular, nas vésperas de atingir a maioridade, aos 13 anos? Já está fazendo um programa próprio? Estamos equivocados com relação a algo? Há um fato determinante em sua vida?" Ela explora benevolentemente a dor que sofreram naqueles dias. "Seu pai e eu o buscávamos angustiados." Angustiados, destruídos... Lucas usa o mesmo termo do qual se servirá para indicar as penas do inferno. E para aqueles santos pais foram exatamente três dias de inferno.

Então escutam-se as primeiras palavras de Jesus referidas nos Evangelhos: "Por que me procuráveis?" Não é fácil compreender uma pergunta que responde a outra pergunta. Talvez fosse uma referência a quando os pais o haviam oferecido ao Pai, com uma oblação a que Maria se havia associado plenamente. Ainda mais misteriosa é a outra interrogação: "Não sabíeis que devo ocupar-me das coisas [ou da casa] de meu Pai?". Aqui se apreciam claramente as três contraposições: a casa do Pai e a casa dos genitores; a obediência ao Pai e a obediência aos genitores; a pessoa do verdadeiro Pai em relação ao pai davídico, que não é humilhado, mas reconduzido ao seu papel.

É uma resposta sombria tanto para Maria quanto para José, dado que o Evangelho afirma: "Eles não compreenderam." Estão desfrutando do reencontro, um prelúdio do gozo pascal. E surge o pensar espontâneo na observação de Isaías: "És um Deus misterioso" (Is 45, 15). Trata-se, talvez, de uma preparação velada aos muitos sofrimentos que Maria sofrerá sem entender de imediato. Também para ela há razões sem respostas nesta terra, assim como para o próprio Jesus, quando grita da cruz: "Meu Deus, meu Deus, por que me abandonaste?" (Mc 15, 34). A resposta chegaria somente mais tarde, e Jesus a dará aos discípulos de Emaús: "Não era necessário que Cristo sofresse essas coisas e assim entrasse na sua glória?" (Lc 24, 26). A resposta não vem da cruz nem da morte, mas da ressurreição.

Como conclusão do episódio vemos que os santos esposos deixam de fazer perguntas, confiam em Deus e voltam para casa, onde Jesus se comporta como um filho exemplar.

Reflexões

Sobre Maria — o Senhor não a livrou nem da dor nem do tormento de não compreender. Para uma mãe, é sempre difícil não compreender o próprio filho. Maria sempre confiou em Deus de olhos fechados, sem pedir qualquer explicação. A ocasião desta grande dor foi a visita ritual a Jerusalém. Às vezes o Senhor nos pede os maiores sacrifícios justamente nos momentos que menos esperamos. Essa provação foi, para Maria, um dom, uma preparação necessária.

Sobre nós — não nos surpreendamos quando a vida nos apresenta tantos porquês aos quais não temos resposta. O filho que apresenta síndrome de Down, os esposos que desejam ter filhos, mas não conseguem... todo o vasto campo do mal e da dor. Devemos confiar em Deus; as explicações virão mais tarde e só as compreenderemos na outra vida.

A verdadeira sabedoria consiste em conformar-se com a vontade de Deus, ainda que não compreendamos os motivos que a desencadeiam. Esse episódio reitera a primazia absoluta de Deus, inclusive em relação às pessoas mais autorizadas e queridas. Os deveres para com Deus se impõem a quaisquer outros deveres.

Décimo sétimo dia

Um silêncio precioso

Depois do episódio da permanência no templo, aos 12 anos, os Evangelhos não voltam a falar de Jesus até o início de sua vida pública: guardam silêncio sobre um período de cerca de vinte anos, ou seja, sobre grande parte de sua vida terrena. No entanto, esse tempo em que vive obedecendo a seus pais e dedicado ao trabalho, esse intervalo de amadurecimento humano e espiritual em que Jesus "crescia em estatura, em sabedoria e graça" (Lc 2, 52), tem muito que nos ensinar se nos esforçarmos um pouco para acessar aquele silêncio. Dissemos que Maria conservava e meditava em seu coração tudo o que se referia a seu Filho divino; também lembramos que, conforme o costume hebreu, nunca se absteria da obrigação de dar testemunho quando fosse a ocasião. Será que nunca falou desses vinte anos? É possível; mas nesse caso foram os evangelistas que guardaram silêncio, pois, como não cansaremos de repetir, sua finalidade não era histórico-biográfica, mas de anúncio da mensagem da salvação.

Sem dúvida nós podemos acessar aquele silêncio, pois Jesus também viveu esse período por nós e por nossa salvação. Jesus é sempre o grande e único professor: quando fala, quando age e quando cala. Talvez essa monotonia cotidiana tenha tanto a nos ensinar por parecer-se muito com o desenvolvimento normal de nossas jornadas.

Um escritor contemporâneo, um judeu tão aberto e respeitoso com os católicos, não hesita em afirmar que esses foram os anos mais "hebreus" da vida de Jesus, ou seja, os anos em que viveu e foi educado como judeu piedoso, conforme a lei dada por Deus ao povo eleito, sem exceções, seguindo apenas os costumes gerais daqueles lugares e daquela época. Refiro-me ao escritor Robert Aron, que se dedicou a aprofundar sua investigação valendo-se do grande conhecimento que foi adquirindo sobre aqueles tempos. A ele devemos dois livros úteis e muito interessantes: *Jesus of Nazareth: The Hidden Years* [Os anos ocultos de Jesus] e *The Jewish Jesus* [Assim orava Jesus, o hebreu].

Paulo também insiste no judaísmo de Jesus e nos méritos do povo hebreu. "Mas quando veio a plenitude dos tempos, Deus enviou seu Filho, que nasceu de uma mulher e nasceu submetido a uma Lei, a fim de remir os que estavam sob a Lei, para que recebêssemos a sua adoção" (Gl 4, 4-5). E acrescenta: "Eles são os israelitas; a eles foram dadas a adoção, a glória, as alianças, a Lei, o culto, as promessas e os patriarcas; deles descende Cristo, segundo a carne, o qual é, sobre todas as coisas, Deus bendito para sempre" (Rm 9, 4-5).

Não podemos ignorar a virada radical que o Concílio Vaticano II imprimiu ao modo de olhar para o mundo hebreu: um olhar de reconhecimento pela maneira como se foi preparando no povo eleito a vinda do Messias; por isso o nome mais justo e belo com o qual podemos chamar os hebreus é o que lhes deu João Paulo II ao visitar a sinagoga de Roma: "nossos irmãos mais velhos".

O fato principal, porém, sobre o qual o Filho de Deus quisera nos doutrinar é que a santidade não consiste em executar grandes feitos, mas em viver cada dia com retidão. Seriam anos tranquilos, mas não idílicos. A vida aldeã de então era dura e extenuante, sustentada pela oração constante e pelo amor recíproco. Não parece exatamente que o comportamento de Jesus chamou a atenção por alguma peculiaridade, dado que, no início de sua vida pública, seus conhecidos ficarão admirados ao saber dos milagres que fazia. Isso também parece um sinal de que, naqueles anos, Jesus não fizera nada extraordinário. Se alguma vez pediu a palavra para explicar a Sagrada Escritura na Sinagoga — coisa fácil de se pensar em um povoado tão pequeno —, faria-o com muito cuidado, mas sem a autoridade que revelará na vida pública. Poderia ter feito mais e melhor? É possível que o Filho de Deus tenha desperdiçado os seus talentos por tanto tempo no anonimato? Nisso há também um grande ensinamento: não existe nada mais perfeito do que fazer a vontade de Deus, e Jesus esperava serenamente as indicações do Pai.

Há, porém, um episódio que certamente acontece nesses anos, ainda que os Evangelhos não falem dele, por ser de valor particular: a morte de José. Durante a vida pública ele não voltará a aparecer, e Maria terá de viver com os parentes, segundo os costumes das mulheres sozinhas. Além disso, quando os Evangelhos sinópticos mencionam a admiração dos nazarenos pelo que Jesus começara a fazer, Lucas se expressa com as seguintes palavras: "Não é este o filho de José?"; por outro lado, e estranhamente, Mateus e Marcos dizem: "Não é este o filho de Maria?". Parece um sinal de que seus conhecidos já haviam se habituado há muito tempo a ver Jesus apenas com a mãe.

Entre Maria e José, com um objetivo e reveses em comum, deve-se ter desenvolvido um amor cada vez mais intenso. Creio que se possa dizer que nunca nenhum esposo foi amado como José, e nenhuma esposa, como Maria. Talvez apenas um amor tão casto, com um fim tão sublime, possa alcançar sutilezas e afinidades tão profundas. Cada vez mais, Maria vai descobrir o tesouro do esposo, suporte e amigo que lhe dera o Senhor.

Por outro lado, para Jesus, que foi o primeiro que chamou *abbá* (papai) a José, ele foi de fato a imagem do Pai. José lhe deu o melhor que um pai pode dar a um filho: a educação humana, um nome de respeito, o conhecimento de Deus, e o ensinou a rezar e a trabalhar com um exemplo constante de vida justa. Por isso parecem-me reducionistas certos nomes atribuídos a José, como pai putativo, pai nutrício etc. José é o pai davídico de Jesus: primeiramente deu-lhe o pertencimento à casa de Davi, conforme anunciavam as profecias.

Costumamos invocar a José como pai da boa morte, pois decerto faleceu carinhosamente acompanhado de Jesus e Maria; e é impossível pensar em companhia melhor. Pediriam ao Pai pela recuperação de José? Sem dúvidas, mas, como Jesus fará depois no Horto das Oliveiras, subordinando os seus pedidos à vontade de Deus. José cumpriria a sua missão na terra e estava pronto para o Céu.

Jesus não chorou somente por seu amigo Lázaro e pela cidade de Jerusalém. E Maria, independentemente de sua grande dor, deu início a uma nova missão, comum a tantas mulheres: a de ser um modelo para as viúvas.

Reflexões

Sobre Maria — mais do que nunca vemos como se santificou na vida de dona de casa, uma vida dura naqueles tempos para as pessoas pobres. O cansaço comum de cada dia faz com que a sintamos mais próximas de nós. Cada jornada, preenchida de oração e trabalho, era um dom de Deus: desvelava-se pelo Filho de Deus; mas todas as mães e pais se desvelam pelos filhos de Deus, já que Jesus disse que, o que fazemos aos outros, fazemos a Ele.

Sobre nós — a reflexão principal gira em torno da compreensão do valor da vida comum, oculta, monótona, se é oferecida ao Senhor e vivida em estado de graça. Por isso é necessário que esteja entremeada de orações. Também a vida de quem é viúvo, de quem vive sozinho, de quem não realizou o sonho de um amor ou uma família é valiosa se vivida em estado de graça. E, como diz a Bíblia, a morte dos justos é preciosa aos olhos de Deus.

Décimo oitavo dia

As bodas de Caná

O Evangelho de João é o último em ordem cronológica. Não repete o que já está nos Evangelhos sinópticos, mas nos diz coisas que não encontramos nos outros Evangelhos. Em relação a Maria, o apóstolo predileto narra duas intervenções em especial: em Caná e na cruz.

O marco do episódio salvífico de Caná é uma festa nupcial. Estamos no início da vida pública de Jesus, quando, depois de deixar Nazaré, havia sido batizado por João no rio Jordão; depois, durante quarenta dias de jejum no deserto, esteve frente a frente com Satanás, o adversário. Reunidos os primeiros discípulos, participa nas bodas de Caná, um povoado próximo a Nazaré. Maria chega antes, e o evangelista destaca esse fato como para insinuar que, onde está Maria, está Jesus; talvez tenha sido ela mesma que convidou o seu filho, que chega quando as bodas já haviam começado — como já dissemos, essas festas comumente duravam sete dias.

A festa nupcial é apenas o marco de acontecimentos muito mais importantes; basta pensar que não se dá nenhum destaque aos esposos, protagonistas da festa. A importância é outra. Levemos em conta, inicialmente, um dos objetivos do relato, que salta à primeira vista: a consequência deste milagre de Jesus, chamado justamente de "sinal", consiste em manifestar sua divindade, ainda que a vá revelando pouco a pouco, de modo que suscitará, em seus primeiros seguidores, a fé nele. Com efeito, o relato termina com as seguintes palavras: "E os seus discípulos creram nele" (cf. Jo 2, 1-11).

Há também, no entanto, outros significados, sobre os quais o evangelista se detém com mais dedicação, e que provêm da presença de Maria, de sua iniciativa e do breve diálogo que mantém com Jesus e, depois, com os criados. Há um problema: a mãe de Jesus (como João sempre a chama, sem nunca usar o seu nome), provavelmente aparentada dos esposos, como era de costume em tais ocasiões, pronta para ajudar na festa, se dá conta de um grave inconveniente que teria prejudicado a imagem social dos esposos e acabado com a festa. Não pede nada explicitamente: Deus não precisa de nossos conselhos. Simplesmente diz: "Eles já não têm vinho."

A resposta do filho, que, para alguns exegetas, é de difícil interpretação, deve ser compreendida dentro de um contexto: "Mulher, isso compete a nós? Minha hora ainda não chegou." Encontramos as primeiras palavras outras vezes na Sagrada Escritura para indicar uma recusa. Aqui, o significado é claramente outro, e deve ser compreendido à luz de todo o episódio.

O nome "mulher", embora respeitoso, pode dar a impressão de que diminui em certa medida o nome "mãe", que seria o esperado. Por outro lado, contém uma referência bíblica precisa, que estabelece o papel de Maria em cinco momentos fundamentais da história humana:

1. "Porei ódio entre ti e a *mulher*" (Gn 3, 15): é o primeiro anúncio de Maria, que coincide com o primeiro anúncio da salvação.
2. "Mas quando veio a plenitude dos tempos, Deus enviou seu Filho, que nasceu de uma *mulher*" (Gl 4, 4). Deste modo, Paulo expressa a humanidade plena de Cristo.
3. Aqui, em Caná, a palavra *mulher* ressoa como um divisor de águas, e o confirmamos em seguida, pois Jesus se prepara para manifestar a nova lei.

4. Na cruz, a mesma palavra, *mulher*, conferirá a Maria uma nova maternidade.
5. No fim dos tempos virá a *mulher* vestida de sol, como grande sinal da salvação. Jesus, então, confirma a Maria: tu és a mulher que tem um papel fundamental na história humana.

"Minha hora ainda não chegou." No Evangelho de João, a hora de Jesus indica sempre o mistério pascal. Aqui talvez estabeleça uma data, quando, depois de um período de separação, chega a *hora* e eles se encontram outra vez no Calvário. A resposta de Jesus não é e nem vem compreendida como uma recusa, pois em seguida Ele faz o milagre. Tem, ao contrário, um significado muito profundo, segundo o qual Maria, inserida, como vimos, em todo o plano da redenção, desempenha aqui um papel de mediação que convém desvendar. Com efeito, dirige-se aos criados: "Fazei o que Ele vos disser", que não é apenas o testamento de Maria (as últimas palavras que a Bíblia nos diz sobre ela), tampouco o que, ao longo dos séculos, se repetirá, cada vez que sua voz for ouvida nas aparições extraordinárias: aqui, o significado é ainda mais profundo.

Segundo os biblistas, João segue nessa narração o grande esquema das alianças bíblicas — a primeira das quais é a do Sinai, renovada depois outras vezes ao longo da história de Israel. Nas alianças sempre há um mediador. No Sinai é Moisés; em Caná, Maria. E repete-se sempre uma frase que indica a acolhida das palavras de Deus. No Sinai, o povo diz: "Faremos o que Deus nos disser"; em Caná, a Virgem é quem diz: "Fazei o que Ele vos disser." No Sinai, Deus responde a essa disponibilidade dando as normas da antiga aliança, o Decálogo; em Caná, Jesus responde à disposição dos criados dando o novo vinho. O vinho velho, que acabou, representa a antiga aliança;

o vinho novo, que é melhor e abundante, indica a nova aliança, a nova doutrina do Evangelho que Jesus se dedica a pregar e na qual os discípulos já creem, alentados por aquele primeiro *sinal*.

Agora descobrimos o valor do marco gozoso que oferece a festa nupcial; muitas vezes as bodas são recordadas no Evangelho como um sinal do reino dos céus, do matrimônio eterno com o cordeiro, ou seja, a felicidade eterna do Paraíso. Esse é, pois, o sentido geral de todo o episódio. No marco festivo das bodas, Jesus põe em marcha a nova aliança oferecendo vinho novo, quer dizer, a sua doutrina. O papel de Maria está bem definido, e esse primeiro milagre é importante para reforçar a fé dos discípulos.

Reflexões

Sobre Maria — *Per Mariam ad Jesum*: quando recorremos a Maria encontramos Jesus. Seu poder de intercessão nunca está em oposição aos planos divinos, mas é um dos fatores que os ajudam a cumprir-se. Maria não pede que os criados obedeçam a ela, mas que obedeçam a Jesus. Suas últimas palavras, "Fazei o que Ele vos disser", compreendiam perfeitamente seus desejos, suas sugestões, o que nos encomenda a cada um de nós.

Sobre nós — não são necessários milagres para ter fé; basta a palavra de Deus. Renovemos a nossa fé na pessoa de Jesus, verdadeiro Deus e verdadeiro homem, como compreenderam e acreditaram os apóstolos. Renovemos o nosso pacto de aliança com o Mestre divino: os votos batismais, a adesão a todos os ensinamentos do Evangelho. E confiemos na poderosa intercessão de Maria, a quem Deus sempre escuta. Pensemos na bondade de Jesus, bondade atenta até mesmo às exigências humanas: é bonito que tenha cumprido o seu primeiro milagre para salvar uma festa nupcial. Que a sua presença nunca falte entre os esposos e as famílias.

Décimo nono dia

No anonimato de Nazaré

"Depois disso [do milagre de Caná], desceu para Cafarnaum, com sua mãe, seus irmãos e seus discípulos; e ali só demoraram poucos dias" (Jo 2, 12). São os únicos dias em que Maria tem a satisfação de acompanhar o filho durante a vida pública. Assim, pode ver o pequeno centro do lago de Genesaré, escolhido por Jesus como ponto de apoio para sua pregação na Galileia. Depois, Maria volta a Nazaré, onde permanece durante a vida pública do filho.

Naquele tempo não havia programas sociais, mas também não havia espaço para a solidão. Basta pensar nas muitas vezes que a Bíblia encoraja e elogia aqueles que cuidam do órfão e da viúva. Quando uma mulher ficava viúva, ia viver com os parentes, e é provável que isso tenha acontecido com Maria. Entre os parentes de Jesus, numerosos como todas as famílias orientais, cabiam todas as atitudes possíveis em relação à missão empreendida pelo Filho de Deus: estavam seus seguidores, que permaneceram fiéis a Ele, mesmo depois de sua morte em Jerusalém, e por isso é fácil pensar que a Virgem fora viver com eles; estavam os adversários, que o consideravam louco e que tentaram interromper o seu ministério; e certamente estava a grande massa de indiferentes.

Para compreender melhor a posição de Jesus durante a sua vida pública, devemos nos lembrar dos costumes hebreus. O trabalho era bastante valorizado como meio necessário e obrigatório de subsistência. Também Jesus, durante a sua vida privada em Nazaré, manteve-se com o seu trabalho. Porém, quando alguém se dedicava à missão de *rabbi*, ou seja, de pregar a Sagrada Escritura em tempo integral, parava de trabalhar e passava a viver de esmolas, tanto ele como os seus discípulos; assim podia transitar livremente de um lugar para o outro. Para dar um exemplo equivalente ao nosso tempo, pensemos no comportamento das ordens mendicantes até a última guerra. Sempre havia alguém encarregado de fazer a coleta: consumia-se o que era servido no convento, e o que fosse além do necessário era doado aos pobres. O mesmo faziam Jesus e os apóstolos: viviam de esmolas e davam as sobras aos pobres.

Nesse quesito São Paulo também rompeu com os esquemas do judaísmo. Como pregou em ambientes pagãos — nos quais esse costume não era conhecido, tampouco teria sido apreciado —, renunciou a esse direito hebreu e continuou exercendo o seu ofício. Muitas vezes repete, não sem certo orgulho, que provia com o trabalho de suas mãos o seu sustento e de seus colaboradores.

Mas voltemos à vida de Maria em Nazaré. Que distinta era de quando vivia em sua casa, com as pessoas que mais amava e que a amavam! Alguém poderá surpreender-se porque a Virgem, que estava sozinha, não fazia parte do grupo de mulheres que seguiam Jesus. O motivo é evidente. O pequeno grupo apostólico não tinha necessidade — como poderíamos pensar — de que lavassem suas roupas ou preparassem sua comida. Todo hebreu sabia cuidar de suas necessidades pessoais; precisavam apenas de ajuda financeira ou material. O Evangelho afirma claramente, enumerando as mulheres que seguiam Jesus e os apóstolos, que "os assistiam *com seus bens*". Também Maria Madalena, que não tem nada a ver com a pecadora sem nome tampouco com Maria de Betânia, devia ser uma pessoa abastada. A Virgem, por sua vez, sendo pobre, não poderia ter contribuído com os gastos, por isso não segue o seu filho.

Certamente, chegaria a seus ouvidos o eco dos discursos ou milagres de Jesus, assim como as discussões com os escribas e fariseus. Alguns se alegrariam com ela por um filho como aquele, e outros a criticariam pelo mesmo motivo. É muito provável que Maria seguisse ajudando no templo na ocasião da Páscoa (João nos fala de três páscoas passadas por Jesus em Jerusalém durante a vida pública; dessa informação deduzimos que a vida pública de Jesus durou três anos); então escutaria diretamente seu filho. Como o escutaria na desafortunada visita a Nazaré, que provocou em Jesus o decepcionante juízo: "Ninguém é um profeta em sua terra." Mesmo os seus queridos conterrâneos o queriam matar lançando-o por um precipício. Ainda hoje, em Nazaré, há uma pequena igreja dedicada a Santa Maria do Tremor, para recordar a angústia de Maria naquela ocasião.

Os Evangelhos sinópticos mencionam uma exceção, que mais parece devida à vontade dos parentes do que uma iniciativa de Maria. "A mãe e os irmãos de Jesus foram procurá-lo, mas não podiam chegar-se a Ele por causa da multidão. Foi-lhe avisado: 'Tua mãe e teus irmãos estão lá fora e desejam ver-te.' Ele lhes disse: 'Minha mãe e meus irmãos são estes, que ouvem a Palavra de Deus e a observam.'" (Lc 8, 19-21).

É uma resposta breve, que tem valor duplo. Em primeiro lugar Jesus anuncia um novo parentesco com ele — um parentesco que não se baseia em laços naturais, mas na escuta da palavra. Em segundo lugar nos indica a verdadeira grandeza de Maria: é grande, mais do que por sua maternidade, porque escuta o filho e cumpre a sua palavra: é a sua discípula mais fiel.

Houve outros encontros entre Jesus e Maria além dos que estão mencionados nos Evangelhos? É provável, mas nesse caso os evangelistas lhes atribuíram um valor privado. É fato que o coração de Maria, seus pensamentos e preocupações estavam constantemente inclinados ao filho e a suas atividades. Acreditamos que o Senhor quis nos oferecer um grande ensinamento neste período da vida de Maria: como é possível colaborar efetivamente com a ação apostólica mesmo no anonimato de uma vida comum oferecida com amor a Deus, na aceitação de sua vontade cotidiana e oferecendo para tal fim as orações, os cansaços e os sofrimentos que a vida nos apresenta. Por isso, voltando a nossos tempos, vemos associados como padroeiros das missões São Francisco Xavier, o grande pregador do Oriente, e Santa Teresa de Lisieux, que nunca saiu de seu convento.

Reflexões

Sobre Maria — não há dúvidas de que a entristecia ser deixada de lado. Depois de ter dedicado a vida e sua atividade diretamente à pessoa do filho, via-se preterida, mas aceitou com total generosidade o desejo do Pai. Terá compreendido que esse anonimato não seria em vão, em espera do grande tratamento recebido em Caná, quando chegou a hora de Jesus. À sua maneira, é um exemplo para nós com a oração e com a vida segundo os ensinamentos do filho, modelo para todo seguidor seu.

Para nós — o verdadeiro parentesco e intimidade com Jesus é adquirido por meio da escuta e do cumprimento de suas palavras; o que importa é a vida de acordo com os ensinamentos de Cristo; não se devem impor condições para segui-lo: "Senhor, Senhor, se você não fizer isso para mim...". Quando a espera oculta custa mais do que a ação direta, pensamos que o mais importante sempre é cumprir a vontade de Deus.

Vigésimo dia

Mulher, eis aí teu filho

"Junto à cruz de Jesus estavam de pé sua mãe, a irmã de sua mãe, Maria, mulher de Cléofas, e Maria Madalena. Quando Jesus viu sua mãe e perto dela o discípulo que amava, disse à sua mãe: 'Mulher, eis aí teu filho.' Depois disse ao discípulo: 'Eis aí tua mãe'" (Jo 19, 25-27).

É a *hora* de Jesus, a *hora* pela qual encarnou. E Maria volta a ocupar o primeiro plano: para ela é a segunda anunciação, na qual é proclamada *mãe de todos os homens.*

Segundo o costume, João não a chama pelo nome, mas conforme o seu papel. Aqui, o papel de Maria está bem marcado por uma palavra que destacamos, pois se repete cinco vezes em apenas três versículos: "mãe". A partir daquele momento, a Mãe de Jesus é proclamada nossa mãe: "Mulher, eis aí o teu filho." Para Jesus, esse é o cumprimento de sua ação messiânica terrena; a morte virá em pouco tempo. Para Maria, é o início de uma nova maternidade: como teria gostado de morrer com seu filho! Mas a sua missão não havia acabado nem estaria ainda no fim. Jesus não se preocupa em confiar Maria a alguém: ela já está com os parentes e seguirá com eles. Somos nós que precisamos de uma mãe.

"Eis aí tua mãe." Nesse momento, o discípulo preferido de Jesus faz um gesto bastante significativo, um gesto que indica compreensão e aceitação da nova relação criada por Cristo. Dessa vez não precisava do consentimento de Maria: ela já estava totalmente consagrada à sua obra; seu consentimento pleno e definitivo, sem condições ou limites, já havia sido pronunciado com o *fiat* dado ao anjo Gabriel. Naquele momento era o fiel de Cristo, o discípulo amado, aquele que devia expressar a aceitação: "E desta hora em diante o discípulo a recebeu como sua mãe [...] e com seus bens." Acrescentamos: com seus bens de crente, pois João representa os discípulos que creram em Jesus e receberam os bens necessários para a própria salvação: a fé, a eucaristia, o Espírito Santo, Maria.

João compreende que Maria é um bem necessário para a salvação e a recebe como tal. "É possível ser cristão e não ser mariano?", perguntar-se-á Paulo VI no santuário de Nossa Senhora de Bonaria (Cagliari), em 24 de abril de 1970. Deus quis nos dar a Jesus por meio de Maria: não se pode prescindir, nunca, desta escolha feita pelo Pai. Se não compreendemos o papel de Maria com Jesus, nunca compreenderemos o papel de Maria em relação a cada um de nós. Voltaremos a insistir nessa acolhida, base da consagração a Maria e da maternidade de Maria sobre a Igreja.

Agora, no entanto, somos obrigados a nos aprofundar em uma reflexão que, para nós, tem grande importância e é geralmente ignorada: os sentimentos de Maria naquele momento. A sua imensa dor é evidente. A liturgia aplica à Virgem a passagem das Lamentações (1, 12): "Ó vós todos, que passais pelo caminho: olhai e julgai se existe dor igual à dor que me atormenta"; como se quisesse nos dizer que jamais houve dor como aquela. Os poetas nos transmitiram o *Stabat Mater*, as diversas lamentações de Maria diante do filho morto, o *Pranto* de Jacopone da Todi; pintores e escultores reproduziram *Piedades* e *Dolorosas*, diante das quais o povo reza com fervor. Tudo isso é verdade; mas há outros sentimentos sobre os quais convém refletir, pois nos dão a dimensão da fé heroica de Maria.

Diante do caráter de Maria não há lugar para nenhuma forma de rancor, rebelião, ressentimento ou coisas semelhantes. Via à sua volta apenas pessoas que Jesus acabara de confiar-lhe como filhos. O Concílio Vaticano II nos diz que naquele momento ela se associava com espírito materno ao sacrifício de Jesus, "consentindo com amor na imolação da vítima que d'Ela nascera" (*LG,* 58). *Consentindo*: eis a palavra mais forte e mais nova desse grande documento mariano. Sem dúvidas, não consentia com o mal, com a morte, com as blasfêmias, com os desafios verbais. Consentia com a vontade de Deus, aquela vontade que Jesus havia aceitado plenamente. Uma vontade imensa que lhe faz sangrar o coração mais que o martírio. E no entanto o aceita com entrega total: assim quis o Pai, assim quis Jesus, e a essa vontade Maria deu sua dolorosa adesão.

Há outro aspecto não menos importante que nos faz compreender qual fonte, qual luz transmitia a Maria uma força tão heroica, uma adesão de fé tão total à morte do filho. Ela compreendeu, e naquele momento somente ela o compreendeu, a importância do que estava acontecendo, o valor daquela morte. Talvez a Virgem, em todo o transcorrer de sua vida e sobretudo durante a vida pública de Jesus, tenha sentido ressoar em seu interior as emocionantes palavras proféticas de Gabriel: "Ele será grande e será chamado Filho do Altíssimo, e o Senhor Deus lhe dará o trono de seu pai Davi; e reinará eternamente na casa de Jacó, e o seu reino não terá fim" (cf. Lc 1, 32-33). São palavras impressionantes, que pressagiavam um futuro glorioso, um êxito sem precedentes.

Pois bem, essa é a fé heroica de Maria, um desafio à evidência mais clara do que veem os olhos: enquanto observa Jesus, que agoniza e morre, Maria compreende que estão sendo cumpridas as palavras proféticas de Gabriel. É verdade que se cumprem da maneira mais inesperada e atroz, mas se cumprem. Para os demais, aquela morte é um fracasso, o fim de um sonho, de uma grande esperança — como dirão, inconsoláveis, os discípulos de Emaús. Para Maria não é assim, pois ela compreende que, justamente nesse momento, ao contrário de toda expectativa humana e mais ainda da expectativa materna, está acontecendo o triunfo de Cristo, sua vitória sobre o pecado, sobre a morte, e a redenção da humanidade.

Surge espontaneamente, então, outro pensamento: Maria compreende que o mundo é salvo e ela mesma é redimida por aquela morte. Justamente por força desta morte terrível ela é tudo aquilo que é: imaculada, sempre virgem, Mãe de Deus... Devido àquela morte vão louvá-la todas as gerações, pois o Todo-Poderoso fez grandes obras nela. Maria nunca foi tão grande quanto no momento desse doloroso *fiat*; nunca pudera demonstrar a tal ponto uma fé tão profunda. É assim que Cristo reina e salva. O coração sangra, mas ela pronuncia o seu "obrigada". E dá graças por si mesma e por todos nós: está salva, e nós também estamos. O sentimento mais alto de Maria aos pés da cruz é de gratidão profunda.

Reflexões

Sobre Maria — Jesus perdoa na cruz; Maria recebe esse perdão dado a cada um de nós, mesmo que pequenos, e nos ensina a ver a mão de Deus também na dor e nas esperanças perdidas. Ensina-nos o que é a verdadeira fé, que crê, inclusive, naquilo que não parece evidente. Ensina-nos a agradecer a Jesus por seu sacrifício.

Sobre nós — um exame profundo sobre o valor do sacrifício de Cristo, sobre seu poder redentor, sobre a nossa gratidão e correspondência, para que não seja algo vão para nós. Acolhemos a Maria como verdadeira mãe no plano da salvação? Aprendemos a crer, a esperar, a perdoar de coração, a agradecer mesmo quando sofremos? A obediência de Cristo remonta à desobediência de Adão; a participação de Maria remonta à participação de Eva. A nossa obediência, no entanto, é indispensável para receber os frutos da redenção.

Vigésimo primeiro dia

O sábado, dia de Maria

Dir-se-ia que, no grande tríduo pascal, há como que um vazio, uma pausa de espera e de silêncio, entre a crucificação e a ressurreição. Esse vazio, porém, é preenchido por uma pessoa que tem o coração cheio de esperança e de certeza, porque a sua fé, e somente a sua fé, não se abalou. Quando Deus a anuncia no Gênesis, é ela o sinal de que virá o Salvador; seu nascimento é celebrado como o surgimento da aurora que anuncia o sol, Cristo. O sábado santo é o dia típico de Maria, e cada vez mais se está difundindo o costume de celebrar, nesse dia, a "hora de Maria". O mundo somente espera por ela, porque só ela espera a hora do triunfo.

Os outros, não. Para os outros esse sábado continua sendo um dia angustiante, do qual restam somente lembranças dolorosas, incógnitas e trevas. Os pensamentos das principais testemunhas abrigavam apenas lembranças tristes: a morte atroz de Jesus, em seu contexto humilhante, ainda mais indigno pelo comportamento de seus amigos. Havia se consumado a traição de Judas, que pusera fim à sua vida de apóstolo enforcando-se em desespero. Satanás realmente havia se apoderado dele. Pedro, impulsivo e generoso, depois de sua tripla negação, não tinha outra alternativa além de derramar lágrimas amargas de arrependimento. Os demais apóstolos não souberam fazer nada além de fugir; não conseguiam superar o medo de que fossem descobertos, por isso mantinham-se em casa com as portas bem fechadas. Também as mulheres, seguidoras fidelíssimas de Jesus, tinham apenas uma preocupação em meio ao pranto: concluir o embalsamento do corpo morto de Cristo, dado que naquela sexta-feira à tarde tiveram de sepultá-lo depressa devido à chegada do "grande sábado".

Era evidente em todos a ausência de qualquer esperança, a impressão de que "tudo se acabou". Nem passava pela cabeça deles que "tudo ainda estava por vir". Ninguém pensava que aquele sangue derramado pela nova aliança abria o caminho do novo povo de Deus. A ressurreição chegará como uma dessas surpresas nas quais é difícil crer, confirmadas por provas que se seguirão em cadeia. Primeiro, o sepulcro vazio, e os anjos que proclamam: "Não está aqui, mas ressuscitou" (Lc 24, 6). Em seguida, as diversas aparições a pessoas, a grupos, a um conjunto de cerca de quinhentos fiéis (cf. 1 Cor 15, 6-8). A liturgia pascal se caracterizará pelo canto de louvor dirigido à Virgem: "Rainha do céu, alegra-te, porque o teu filho ressuscitou, como havia prometido."

Porém, antes, naquele sábado silencioso, a única chama de fé da humanidade que permanece acesa é a chama de Maria. Para ela teria sido uma grande libertação poder morrer com o seu filho, mas era preciso iniciar a nova missão de mãe nossa, recebida justamente de seu filho em agonia. Também a isso dera o seu *fiat*. Sua missão começa exatamente nesse sábado, quando oferece a Deus algo precioso, do qual ninguém se apercebe: uma fé inquebrantável. Apenas Maria crê e pensa no que ninguém crê e ninguém pensa; apenas ela está preparada para o grande acontecimento que ninguém mais esperava. Terá lembrado aquele terceiro dia em que encontrara Jesus no Templo, ou relembrado um outro dia, quando seu filho se uniu a ela em Caná e transformou água em vinho; depois, na Quinta-feira Santa, Ele transformou o vinho em sangue. Ou voltaria a lembrar as palavras que provavelmente lhe contaram, quando Jesus, prenunciando a Paixão, concluía sempre com uma frase que os apóstolos não conseguiam entender: "E no terceiro dia ressuscitarei." É certo que o seu coração estava cheio de esperança, de certeza.

No entanto, aquele sábado transcorria estranho. Os guardas revezavam-se em turnos para vigiar o sepulcro fechado, que tinha um cadáver dentro, como se o homem pudesse impor limites à onipotência de Deus. Todo o povo que tinha ido à cidade estava em festa porque era celebrada a Páscoa; não se davam conta de que aquela Páscoa era o sinal profético de uma grande realidade, que já se havia realizado na dor e estava para se transformar em alegria. Um sepulcro objeto de estrita vigilância, a celebração de um rito que havia deixado de ter sentido: são dois entre os muitos anacronismos daquela jornada em que a única que se mantém firme é a fé de Maria, a certeza do que está para acontecer e que subverterá definitivamente as perspectivas da vida humana.

Assim, o sábado se transformará no dia de Maria, o dia de preparação para o domingo da ressurreição, que substituirá o sábado judeu como dia festivo para os cristãos. Operar-se-á um lento aprofundamento cultural e litúrgico para chegar, no século IX, a uma oficialização do sábado dedicado a Maria, com missa e ofícios próprios da Virgem. Porém o primeiro arranque, o ponto de partida, será exatamente a importância que teve a Virgem naquele sábado santo.

Desponta, por fim, o alvorecer de domingo. Um pequeno grupo de mulheres dirige-se, ainda na madrugada, ao sepulcro. São as mesmas que tínhamos visto aos pés da cruz, mas falta uma — a mais importante. Como é que Maria não está com elas? É uma ausência significativa. Talvez o Senhor Ressuscitado já tenha aparecido a ela, ainda que o Evangelho não o mencione. Ou talvez esteja tão certa de sua ressurreição que não comete o erro das outras mulheres, de buscar o vivente entre os mortos. Podemos imaginá-la como quisermos, mas é certo que Maria deixa de ir ao sepulcro por uma razão consistente.

As mulheres, admiradas por seu cuidado e fidelidade, encontrar-se-ão com uma surpresa: o sepulcro está vazio. Esse fato faz que as pedras mudas adquiram uma importância particular: por estarem vazias, tornam-se as primeiras testemunhas da ressurreição de Cristo. Por isso o santo sepulcro se transformará no lugar mais venerado, amado e visitado pelos cristãos.

Depois virão as diversas aparições do Ressuscitado, que farão os discípulos de Jesus gritarem, entre si: "Jesus Cristo vive!" Ainda hoje, depois de dois mil anos, a tarefa dos cristãos consiste em gritar a todos os homens: "Jesus Cristo vive!" Essa é a Boa-nova que os pode salvar.

Reflexões

Sobre Maria — sua fé é heroica, mas não há dúvidas de que tinha bases que a sustentavam, as mesmas bases sobre as quais se assenta também a nossa fé: a oração incessante e a meditação profunda nas palavras e obras executadas pelo Filho. Sem esses auxílios a sua fé não teria resistido. Quando a Bíblia nos fala da fé de Abraão, diz-nos que acreditou com toda a esperança, ou seja, contra todas as evidências dos fatos. João Paulo II chegou a dizer que a fé de Maria foi maior do que a de Abraão — Abraão não viu o filho morrer; Maria, sim. E, apesar disso, ela acreditou.

Sobre nós — as promessas de Deus nunca falham, tampouco seu amor e sua ajuda. Quando as coisas vão bem, é fácil ter fé, porém a fé se prova nas contrariedades. Vale para todos a observação de que as grandes dores e sofrimentos colocam à prova a nossa fé: ou ela se fortalece, ou se perde. Também nós temos necessidade de recorrer à ajuda da oração e da palavra de Deus.

Vigésimo segundo dia

Fogo do céu

Pentecostes oferece a São Lucas a oportunidade de destacar uma vez mais a presença de Maria no nascimento da Igreja. O texto sagrado nomeia os 11 apóstolos reunidos e acrescenta: "Todos eles perseveravam unanimemente na oração, juntamente com as mulheres, entre elas Maria, mãe de Jesus, e os irmãos dele" (At 1, 14). Identificamos de imediato a importância dada à presença de Maria, que, além dos apóstolos, é a única pessoa indicada pelo nome, com a definição da gloriosa qualificação de Mãe do Senhor.

Não muitos dias antes ocorrera um episódio importante, do qual certamente participaram todas as pessoas mencionadas acima, ainda que não seja dito expressamente: a Ascensão de Jesus ao céu (cf. Mt 16, 19; Lc 24, 51; At 1, 9-10). É um episódio importante e de júbilo: com sua ressurreição ressaltam-se a glorificação do corpo humano de Cristo e a entrada de sua natureza humana em sua glória, como diz o próprio Jesus aos discípulos de Emaús. Com a Ascensão, a humanidade de Cristo também adquire esse poder de intercessão, que usa imediatamente para enviar ao Espírito e segue usando em nosso favor. Antes de subir ao céu, Jesus faz uma última recomendação aos seus: que não se afastem de Jerusalém até que sejam batizados com o Espírito Santo; pois do Espírito Santo receberão a força para serem suas testemunhas em Jerusalém e em toda a Judeia e Samaria, até os confins da terra.

Podemos supor com que alegria a Virgem assistirá a essa Ascensão do Filho ao Pai, prenúncio de quando Ele viria a tomá-la de modo definitivo, para que não voltassem a se separar. Enquanto isso, em um ato de obediência ao filho, ora invocando a vinda do Espírito. Essa presença é preciosa, afirmada expressamente, pois é o começo da presença e da assistência que Maria não deixará de exercer sobre a Igreja e sobre cada um de seus filhos. Gostamos de vê-la assim, como é descrita nesta última menção que o Novo Testamento faz dela: presente e em atitude de oração. Por isso jamais cansaremos de invocá-la: "Rogai por nós, pecadores..." O Concílio Vaticano II destaca o papel de Maria no Pentecostes, para implorar aos apóstolos "o dom daquele Espírito, que já sobre si descera na anunciação" (*LG*, 59).

O Espírito, descendo na forma de línguas de fogo, faz uma referência imediata à Palavra: aquela Palavra divina que tem a missão de recordar e aprofundar, e os apóstolos, o dever de pregar. Os primeiros êxitos vêm com os discursos de São Pedro: três mil, cinco mil pessoas pedem o batismo... (cf. At 2, 41). Talvez somente então Pedro tenha compreendido o significado das palavras de Jesus: "Eu vos farei pescador de homens" (cf. Mc 1, 17); justamente ele, o pescador que havia ficado impressionado ao recolher, ao lançar a rede apenas uma vez, 153 peixes grandes. Agora é a Igreja que começa o seu caminho com uma explosão inicial que lembra a profecia de Isaías: "É possível um país nascer num dia? Pode uma nação ser criada repentinamente? [...] Eu, que abro o seio materno, vou fechá-lo? (Is 66, 8-9). Maria é membro e mãe deste novo povo.

Tendemos a nos perguntar que frutos terá derramado sobre Maria esta nova efusão do Espírito Santo. É fácil supor que, além de paz e da união mais próxima com Deus, mais iluminação para compreender as palavras e a vida do filho: aqueles mesmos episódios que a tinham assombrado ou que ela não havia compreendido ficariam cada vez mais claros para ela. É verdade que o Espírito Santo já havia descido sobre ela muitas vezes e com efeitos particulares: para sugerir o caminho da virgindade total; para cobri-la com sua sombra a fim de torná-la fecunda; para guiá-la e sustentá-la nas diversas etapas da vida, sobretudo para iluminá-la aos pés da cruz. É fácil pensar que a nova efusão de Pentecostes, além de iluminá-la cada vez mais sobre a vida de seu filho, dera lhe sem cessar as graças necessárias para cumprir a sua nova missão de Mãe da Igreja.

Convém refletir sobre esta particularidade: o Espírito Santo pode ser recebido várias vezes, sem limites, com aumento crescente de frutos. Desce sobre nós no Batismo e com ainda mais força na confirmação — e, depois, todas as vezes que o invocamos, porque o Senhor disse: "Vosso Pai celestial dará o Espírito Santo aos que lho pedirem" (Lc 11, 13). Por isso nunca devemos cansar de invocá-lo, para poder escutar e seguir a sua voz cada vez com mais clareza, uma voz diferente da voz da carne e do mundo, e para chegar a essa imitação plena de Cristo, que o Senhor espera de todos nós.

A vida da Virgem termina no anonimato. É o momento dos apóstolos, dos evangelistas, dos diáconos. Alternam-se êxitos e perseguições, mas a Boa-nova vai abrindo o caminho. Maria santíssima seguiria tudo, alentando e participando. Foram também registrados os primeiros martírios: o diácono Estêvão e, depois, o apóstolo Santiago, irmão de João. A presença de Maria servia de consolo a todos, enquanto o seu testemunho iluminava os escritores sagrados em relação ao que só ela conhecia, especialmente acerca do nascimento e da infância de Jesus.

Onde passaria os seus últimos anos? Creio que não voltaria a sair de Jerusalém. Segundo a tradição, passou-os em Éfeso com o apóstolo João, mas essa tradição é tardia e tem diversas interpretações, em sua origem, pelos documentos recém-descobertos. Eutimio, bispo de Éfeso, no século IX, lamenta que os ataques dos saqueadores tornassem quase impossível que os peregrinos fossem a Jerusalém para rezar no sepulcro da "Dormição de Maria" para celebrar a festa da Assunção. Isso explicaria por que foi construída em Éfeso a pequenina igreja da Dormição. Se tivéssemos mais provas históricas sobre o desenvolvimento dos fatos, descobriríamos que a igreja-memorial de Éfeso teria sido construída não devido à presença de Maria naquela cidade, mas por razão de culto. De qualquer forma, quando quis o Senhor, a Virgem foi levada pela "irmã morte", à qual deu o seu último *fiat*.

Reflexões

Sobre Maria — a alegria de contemplar, com a fé, a presença de Jesus à direita do Pai, depois da Ascensão, e a espera de seu retorno. Sua oração junto aos apóstolos, que ela leva adiante com a Igreja e com cada um de nós. O efeito, sobre Maria, da vinda do Espírito Santo. O consolo que lhe traz nos momentos de perseguição: todos esses sofrimentos haviam sido anunciados pelo Senhor. Seu retorno sereno à casa do Pai.

Sobre nós — confiar plenamente na oração feita em nome de Jesus, pois Ele intercede por nós sem cessar. Invocar continuamente o Espírito Santo, especialmente nos momentos de maior necessidade de luz, para viver segundo a vontade de Deus e crescer em nossa conformidade com Cristo. Fiar-nos na presença de Maria junto a nós por ter recebido a missão de ser mãe. Pensar na morte com serenidade: ela nos faz alcançar a meta definitiva de nossa existência.

Vigésimo terceiro dia

Eternamente glorificada

Qual foi a participação de Maria na ressurreição de Cristo? Queremos sempre saber tudo, e imediatamente, mas o tempo, aos olhos de Deus, tem um valor muito diverso. Acreditamos que a verdadeira participação de Maria no evento pascal foi a sua assunção. São Paulo nos recorda o que acontecerá a cada um de nós, na ressurreição da carne, obtida graças à ressurreição de Cristo, quando também os nossos corpos ressuscitarão incorruptíveis e imortais. Tudo isso aconteceu com Maria logo depois da morte. Ainda continua vivo na memória de muitos o que aconteceu em 1º de novembro de 1950, quando o papa Pio XII proclamou solenemente o dogma da Assunção na Praça São Pedro. Foi, na verdade, o dia mais importante daquele Ano Santo. Tratava-se, portanto, de uma verdade contida na Bíblia, mas de modo implícito; para que surgisse com toda a claridade, foi necessário um grande aprofundamento.

O procedimento seguido pelo papa é interessante: ele enfatizou o que fizera Pio IX para chegar à proclamação do dogma da Imaculada Conceição. Anteriormente, em 1940, Pio XII havia instituído uma comissão para entrevistar o povo de Deus, por meio de todos os bispos do orbe, e descobrir em que acreditavam e o que desejavam os fiéis. Levemos em conta um princípio que expressou o Concílio Vaticano II: "A universalidade dos fiéis não pode estar errada quando, desde os bispos até os fiéis leigos, presta o seu consentimento em matéria de fé e moral" (*LG*, 12). É um caso de verdadeira e própria infalibilidade.

O resultado foi unânime. Assim, Pio XII "confirmou a fé dos irmãos", como recomendou Jesus a São Pedro, afirmando: "No fim de sua vida terrena, a Imaculada Mãe de Deus, Maria sempre virgem, foi assunta em corpo e alma à glória celestial" (*Munificentissimus Deus*). Como se vê, foi declarada a Assunção de Maria. Não se pretendeu aumentar o texto com um pronunciamento esclarecendo se Maria havia morrido ou não. Era uma questão que já fora discutida no passado, levando-se em conta que em Maria não havia o pecado original, pecado que submeteu a humanidade à morte. Hoje, os estudiosos concordam que, assim como Jesus se submeteu à morte, também morreria Maria. João Paulo II afirmou isso como uma convicção pessoal. Hoje, porém, acreditamos que a questão não traz nenhuma polêmica.

Interessa-nos observar melhor como as definições dogmáticas são provocadas ou por discussões e erros, pelo que exigem uma resposta oficial exata, ou pelo desejo de afirmar solenemente uma verdade na qual se crê há séculos e que celebra a liturgia, ainda que não esteja explicitamente contida na Sagrada Escritura. Primeiro, pois, os termos são determinados , e as dúvidas, esclarecidas; e também depois da definição dogmática seguem estudando os fundamentos e as consequências da afirmação de fé.

No passado se insistia sobretudo na grandeza de uma pessoa enfatizando os seus *privilégios*; hoje é preferível destacar os *serviços* prestados por ela no plano da salvação. São dois aspectos que não estão em oposição, mas se integram, sendo ambos verdadeiros. Por isso, no passado, na Assunção a tendência era ressaltar o cumprimento da redenção, sendo Maria glorificada em corpo e alma, o que se expressava em teologia com a expressão: *inteiramente redimida*. Colocava-se em evidência a conformidade de Maria com o Filho: era justo que fosse associada à sua glorificação, sendo associada a toda obra da redenção, principalmente ao mistério pascal. Insistia-se na conveniência de que fosse glorificada aquela carne da qual Jesus tinha recebido sua carne, e se acrescentava: assim como, pelos méritos de Cristo, Maria foi previamente apartada do pecado original, é justo que lhe seja aplicado previamente o fruto da ressurreição.

São todos argumentos válidos, ainda defendidos em nossos dias. Vale a pena, no entanto, acrescentar outros motivos. Todos os privilégios foram outorgados a Maria em vista de uma finalidade que supera a esfera pessoal; e a Assunção também não escapa desse critério. Pois ela não foi concedida a Maria apenas para honrar a sua pessoa, mas também em vista de um evento salvífico. Maria recebeu de Jesus uma nova missão, que se estenderá até o fim do mundo: a maternidade de todos os homens visando à salvação. Sua missão sobre a terra não havia acabado, como acabou para os demais homens, que poderão contribuir apenas com a oração na comunhão dos santos. Não é assim com Maria. Era, pois, necessário que se encontrasse na totalidade de sua pessoa, feita de corpo e alma, para cumprir esta missão em relação a nós.

Agora o corpo de Maria, assim como o corpo de Jesus, já não está ligado aos vínculos do espaço e do tempo. Por isso a sua presença entre nós não cessa. Para dar um exemplo, vale relembrar as aparições de Jesus Ressuscitado. Parecia chegar ou partir, embora as portas estivessem fechadas. Por isso os teólogos se esforçavam para entender as propriedades de um corpo ressuscitado, entre elas, a sutileza... A realidade é outra. Jesus disse claramente que permaneceria conosco até o fim dos tempos, e por isso está sempre presente. Quando quer aparecer, faz visível esta presença; depois, terminada a missão, torna-a novamente imperceptível aos sentidos humanos, mas é presença contínua.

O mesmo acontece com Maria. Além disso, sua presença já não tem as limitações de espaço e de tempo — na terra, ela vivia apenas em um local e com as limitações temporais que temos todos; por isso as suas ações também só poderiam estar limitadas pelas horas que passam e não voltam. Agora não é mais assim. Sua atenção materna para conosco não tem limites e, como diz o Concílio Vaticano II, é uma obra contínua até que todos os homens sejam conduzidos à pátria bem-aventurada (cf. *LG*, 62).

Deste modo fica fácil compreendermos os motivos e as consequências da Assunção de Maria: assunta ao céu, está viva, é nossa verdadeira mãe e continua sempre conosco com uma presença ativa, mesmo que não a vejamos; mas é uma presença constante e plena, pois já não está ligada aos limites do espaço e do tempo, que também ela tinha em sua vida terrena. É uma presença materna e eficaz na ordem da salvação, presença que compreendemos através dos títulos com os quais nos dirigimos a ela: mediadora de todas as graças, refúgio dos pecadores, advogada, auxiliadora...

Reflexões

Sobre Maria — nós a contemplamos, plenamente redimida, na felicidade de todo ser humano, de corpo e alma, à qual aspiram os mesmos santos e à qual tendemos todos: verdadeira primazia da humanidade, glorificada pelos méritos e em dependência do Cristo glorioso. Pensemos nos dons que Deus lhe deu, entre eles o de tê-la ascendido ao céu em corpo e alma para o nosso bem. Por isso a vemos se ocupando de cada um de nós.

Sobre nós — acreditar que Maria está sempre ao nosso lado, senti-la próxima, ainda que não a vejamos. Daí o recurso contínuo e confiado a ela. Apenas no céu saberemos o quanto exigimos dela e o que ela fez por nós, os perigos de que nos livrou, as sugestões que nos fez, as forças que nos transmitiu, as graças obtidas; e tudo isso sem que nos déssemos conta. Aquele que refletir seriamente sobre essas verdades da presença constante de Jesus e Maria viverá com confiança e jamais se sentirá sozinho.

Vigésimo quarto dia

Um grande sinal apareceu no céu

Somente Deus é eterno. Por isso, antes do tempo só havia Deus no movimento de amor incessante entre as três pessoas unidas na única natureza divina. Depois da criação — anjos, cosmos, homens e animais — viu esse amor manifestar-se externamente, dando vida a criaturas belas e boas, nas quais se satisfez o Criador. Porém, o dom mais bonito, que constitui a grandeza das criaturas superiores (a inteligência e a liberdade), instigou a soberba e a rebelião — primeiro a uma parte dos anjos e, em seguida, por serem instigados por eles, aos progenitores. Assim entraram no mundo o pecado, o mal, a dor, a morte e o inferno, quando Deus havia criado a todos para serem eternamente felizes.

O ódio de Satanás contra Deus o levou e leva a instigar o homem à rebelião e ao pecado. Porém, a misericórdia infinita de Deus prenuncia a salvação contra as consequências do pecado original: enviará o próprio Filho, que virá como redentor. Será filho de uma mulher. Essa mulher, anunciada em seguida, é definida pelo próprio Deus como a inimiga de Satanás. É o primeiro anúncio de Maria, no auge da vida humana. Este é o texto do protoevangelho, o primeiro anúncio da redenção: "Porei ódio entre ti e a mulher [é Deus que cria esta rivalidade inconciliável], entre a tua descendência e a dela. Esta [ou seja, o filho dessa mulher] te ferirá a cabeça, e tu [a serpente] lhe ferirás o calcanhar" (Gn 3, 15).

Maria é já prenunciada como sinal de salvação e como inimiga de Satanás em um texto que se deve aprofundar em seu autêntico significado. Reproduzimos a tradução da Conferência Episcopal Italiana. A tradução grega, chamada "dos Setenta", apresentava o pronome masculino, ou seja, uma referência precisa ao Messias: "*Ele* te esmagará a cabeça." A tradução de São Jerônimo, chamada Vulgata, dava um pronome feminino: "*Ela* te esmagará a cabeça", tendendo a uma interpretação totalmente mariana, preferida pelos Padres mais antigos, de Irineu adiante.

É claro que quem vence Satanás é Jesus; a ação de Maria depende somente, e sempre, da ação do Filho. O Concílio Vaticano II estabelece com exatidão: "[A Virgem] consagrou-se totalmente, como escrava do Senhor, à pessoa e à obra de seu Filho, subordinada a Ele e juntamente com Ele, servindo pela graça de Deus onipotente o mistério da Redenção" (*LG*, 56). Por isso são legítimas todas as efígies que apresentam Maria no transe de esmagar a cabeça da serpente, sempre que esse texto seja visto como cooperação à obra do Filho, que veio para destruir as obras de Satanás.

No final da história humana vemos, na Bíblia, a repetição da mesma cena: a mulher volta a aparecer como símbolo da salvação e em postura de luta contra Satanás. Lejamos o texto: "Apareceu em seguida um grande sinal no céu: uma Mulher revestida do sol, a lua debaixo dos seus pés e na cabeça uma coroa de 12 estrelas. [...] Depois apareceu outro sinal no céu: um grande Dragão vermelho, com sete cabeças e dez chifres [...] a primitiva Serpente, chamado Demônio e Satanás, o sedutor do mundo inteiro" (Ap 12, 1ss). Quem é essa mulher? Com frequência, na Bíblia, uma mesma figura pode representar uma infinidade de sujeitos. Essa mulher pode ser a Igreja ou o povo hebreu; certamente representa Maria, dado que seu filho é Jesus.

Assim, Maria é o símbolo da salvação do princípio ao fim da humanidade. São Bernardo gostava de dizer e escrever: "Maria é toda a razão da minha esperança." Uma curiosidade: essa frase estava escrita na porta de padre Pio; quem imagina quantas vezes o santo a repetiria? Mas neste momento somos convidados a refletir sobre o papel de Maria no fim do mundo.

Conhecemos perfeitamente a parte fundamental que desempenhou na primeira vinda de Cristo. Porém, quando Cristo subiu ao céu e os apóstolos seguem com Maria na mesma direção, dois anjos aparecem para interromper o encanto e declarar: "Esse Jesus que acaba de vos ser arrebatado para o céu voltará do mesmo modo que o vistes subir para o céu"(At 1, 11). O Senhor virá; o Senhor voltará — *Maranathá*: Vinde, Senhor Jesus. A tensão escatológica, a espera da parúsia (a volta gloriosa de Cristo), é típica dos tempos de fé viva, ainda que desconheçamos a data; por isso o Evangelho nos convida a estar sempre preparados, assim como devemos estar sempre preparados para a chegada da "irmã morte".

Qual será o papel de Maria nesse acontecimento? Os santos, especialmente São Luís Grignon de Montfort, pensam que a Virgem terá um papel importantíssimo e evidente. O "sim" de Maria, por vontade divina, precedeu à Encarnação do Verbo. Na primeira vinda de Cristo, Maria foi mãe e colaboradora do Redentor, no entanto, do modo mais discreto possível. Para a segunda vinda do Senhor, que será um retorno glorioso, o papel de Maria segue de pé: caberá a ela preparar os "apóstolos dos últimos tempos", como gosta de dizer Montfort, e liderar a batalha contra o dragão vermelho. Essa é a razão do sinal que aparece no céu, *a mulher vestida de sol*.

Enquanto isso, o ódio perdura e é uma luta sem trégua. Paulo é bem claro a esse respeito: "Revesti-vos da armadura de Deus, para que possais resistir às ciladas do demônio. Pois não é contra homens de carne e sangue que temos de lutar, mas contra os principados e potestades, contra os príncipes deste mundo tenebroso, contra as forças espirituais do mal (espalhadas) nos ares" (Ef 6, 11-12).

Maria sai vitoriosa, graças a seu Filho, e nos ajuda nesta luta. Qual é o seu segredo? Um dia, certo exorcista de Bréscia interrogou o demônio: "Por que teme tanto quando invoco a Virgem Maria?" E ouviu na resposta uma maravilhosa apologia: "Porque é a mais humilde de todas as criaturas, e eu sou o mais soberbo; é a mais obediente, e eu, o mais rebelde; é a mais pura, e eu, o mais sujo." Outro exorcista, sabendo dessa resposta, depois de muitos anos pergunta a Satanás: "Elogiaste Maria por ser a criatura mais humilde, mais obediente e mais pura. Qual é a virtude da Virgem que mais o faz tremer?" A resposta foi imediata: "É a única criatura que me pode vencer por completo, pois não há tocado a menor sombra do pecado."

A batalha de cada um de nós é intensa; lutamos por nada menos que a salvação eterna. Não há, porém, o que temer. Contamos com a graça que nos concedeu Jesus e com a ajuda da Virgem Maria.

Reflexões

Sobre Maria — o papel de Maria, sem dúvida, foi se aprofundando e revelando-se cada vez mais ao longo da história da Igreja. Ao mesmo tempo, o seu culto litúrgico e o popular foram aumentando progressivamente. Sua força contra Satanás, devida às quatro virtudes enumeradas, é também um modelo para nós. Desconhecemos os planos de Deus em relação a Maria para preparar a parúsia, mas conhecemos a ajuda que nos presta agora, com a nossa Mãe, visando à salvação e, em particular, visando à luta contra o pecado.

Sobre nós — reexaminar o nosso compromisso de conversão e purificação contínua, a nossa preparação. O Evangelho nos recomenda que fiquemos vigilantes, sempre preparados para a vinda do Senhor: a morte pode nos surpreender a qualquer momento. Recorrer à ajuda de Maria, a suas invocações, a suas orações — especialmente na luta contra as tentações. E confiar no poder de Maria para interceder por nós.

Vigésimo quinto dia

Mãe da Igreja

Depois de uma ampla elaboração, precedida de dois censos, o Concílio Ecumênico Vaticano II aprovou, em 21 de novembro de 1964, a constituição *Lumen gentium* sobre a Igreja, que continha um capítulo — o oitavo — totalmente dedicado à Virgem Maria. Como ápice deste capítulo, Paulo VI proclamou Maria, diante de todo o Concílio, o título de Mãe da Igreja, com a finalidade de reconhecer uma verdade amplamente contida no documento mariano aprovado e que, em parte, compensava os outros títulos, desejados por grande parte dos padres conciliares, sobre os quais preferiram não fazer declarações oficiais. O primeiro título era o de mediadora universal das graças.

Eis as palavras do papa: "Proclamamos Maria Santíssima *Mãe da Igreja*, isto é, de todo o povo de Deus, tanto dos fiéis como dos pastores, que lhe chamam Mãe amorosíssima. [...] Com efeito, assim como a maternidade divina é o fundamento da especial relação de Maria com Cristo e da sua presença na economia da salvação operada por Jesus Cristo, assim também constitui essa maternidade o fundamento principal das relações de Maria com a Igreja, sendo Ela Mãe d'Aquele que, desde o primeiro instante da Sua Encarnação no seu seio virginal, uniu a si, como Cabeça, o seu Corpo místico, que é a Igreja. Maria, pois como Mãe de Cristo, também é Mãe dos fiéis e dos pastores todos, isto é, da Igreja."

É um título cheio de conteúdos. Ainda que a proclamação solene fora feita apenas em 1964, já o encontramos substancialmente envolvido na maternidade de Maria para com todos nós, como é ilustrada pelos padres Irineu, Epifânio, Ambrósio, Agostinho... O Concílio Vaticano II tivera dúvidas em relação a esse título, que proclama Maria não apenas como mãe dos indivíduos, mas também da comunidade eclesial. Contudo, já havia incluído no documento mariano a expressão usada por Bento XIV em 1748: "A Igreja católica, ensinada pelo Espírito Santo, consagra-lhe, como a mãe amantíssima, filial afeto de piedade" (*LG*, 53).

Os motivos de dúvidas eram dois. Antes de tudo, a intenção era ressaltar que Maria também é membro da Igreja, e como tal está presente em Pentecostes e participa ativamente na comunidade de Jerusalém. É verdade que Maria é membro da Igreja, mas também é verdade que Maria é igualmente tipo e modelo da própria Igreja: ambas virgens e mães, geram os filhos de Deus por obra do Espírito Santo. Citando Cromácio de Aquileia, Paulo VI dirá: "Não se pode, portanto, falar de Igreja senão quando estiver aí Maria" (*Marialis cultus*, 28).

Um segundo temor era o seguinte: que o título de "Mãe da Igreja" gerasse mal-entendidos, como se a Igreja tivesse nascido de Maria, e não de Cristo. Esse temor é igualmente justo, mas basta explicar as coisas. Já vimos que o título de "Mãe da Igreja" poderia gerar confusões muito maiores sem uma explicação adequada. Esse título destaca a cooperação de Maria no nascimento da Igreja e em toda a sua obra. É uma cooperação subordinada e dependente da ação de Cristo, mas é uma cooperação evidente, da encarnação a Pentecostes e de Pentecostes à parúsia. Por isso destaca perfeitamente o papel que Maria desempenhou e segue desempenhando por vontade do Senhor. A Igreja foi desejada por Cristo, não pelos homens. É o novo povo de Deus, já que "aprouve a Deus salvar e santificar os homens, não individualmente, excluída qualquer ligação entre eles, mas constituindo-os em povo que O conhecesse na verdade e O servisse santamente" (*LG*, 9). Mesmo que pouco antes se afirme que "em todos os tempos e em todas as nações foi agradável a Deus aquele que O teme e obra justamente" — afirmação importante, pois é verdade que o caminho real da salvação é indicado pelo Senhor com as palavras: "Quem crer e for batizado será salvo, mas quem não crer será condenado" (Mc 16, 16); mas é igualmente verdadeiro que Deus quer a salvação de todos. Jesus morreu por todos, por isso Deus guarda outros caminhos, desconhecidos para nós, para que nos salvemos.

É preciso salientar o fato de que a Igreja foi fundada por Cristo, que Ele a desejou para prolongar a sua missão, que a ama e a governa com a sua graça e lhe deu como alma o mesmo Espírito Santo; que Maria é sua mãe e, como mãe, a assiste: todas essas verdades são importantes e devemos tê-las muito presentes, pois hoje, em geral, a Igreja não é amada. Os próprios cristãos a veem como algo exterior a eles — "A Igreja são os padres", afirma a mentalidade corrente —; os erros mais nefastos de nossos dias estão relacionados às falsas concepções que se têm sobre a Igreja.

Certamente, a Igreja reflete, de forma analógica, o mistério de Cristo, do qual se fala em "mistério da Igreja". O mistério de Cristo consiste em ser Deus e homem: seus contemporâneos viam um homem como os demais, que tinha necessidade de comer, dormir e descansar; no entanto, aquela aparência humana, limitada e frágil, encobria a realidade de sua pessoa divina, na qual se uniam as duas naturezas. Era um mistério imenso e difícil, pois cada vez que Jesus agia como Deus (perdoando os pecados ou afirmando: "antes que Abraão fosse, eu sou") era imediatamente considerado blasfemo. Na Igreja também há um mistério: é formada por homens frágeis e pecadores como os demais — mas a esses homens foram dados poderes divinos: pregar com a eficácia do Espírito a palavra divina, perdoar ou não os pecados, consagrar a Eucaristia... É o mistério da Igreja: santa e humana.

Um aspecto particular, que mereceria um aprofundamento especial, é que a maternidade de Maria sobre a Igreja não compete apenas aos católicos ou cristãos, mas a todos os homens, posto que a Igreja fora constituída para a salvação de todos. Assim disseram os bispos latino-americanos nos documentos de Puebla (1979): "Maria tem um coração grande como o mundo e implora ao Senhor da história em favor de todos os povos." Jesus disse a Pedro: "Apascenta os meus cordeiros. [...] Apascenta as minhas ovelhas" (Jo 21, 15-17), ou seja, a toda a humanidade. Creio que a atração irresistível que o beato João Paulo II exerceu sobre todos os povos foi um sinal dessa universalidade. Em suas viagens, como na Tailândia, onde há poucos cristãos, reuniu multidões; e em seu funeral compareceram chefes de Estado das mais diversas crenças. Não podia tratar-se de uma simples cortesia ao representante dos católicos. Cremos que, graças ao Espírito Santo, todos intuíram uma relação pessoal com aquele padre branco vindo de Roma.

São Cipriano afirmava: "Não pode ter Deus por pai aquele que não tem a Igreja por mãe." Que Maria, Mãe da Igreja, nos faça compreender e amar essa verdade.

Reflexões

Sobre Maria — é importante a presença de Maria na Ascensão, em Pentecostes, na primeira vida da Igreja. Ainda mais importante é a sua presença nesses dois milênios de vida da Igreja. O povo de Deus é sensibilíssimo a essa presença, como testemunham seu culto, seus santuários, sua invocação contínua. Maria conduz a Jesus; Jesus nos deu a Igreja: se não seguimos esse itinerário de graça, o cuidado que a Virgem dedica ao povo de Deus será em vão.

Sobre nós — compreender o mistério de Cristo, Deus e homem; compreender o mistério da Igreja em seus aspectos humanos e divinos. O título de Maria "Mãe da Igreja" nos manifesta seu amor e seu cuidado por essa obra do Filho. A exemplo de Maria, é necessário que saibamos conhecer e amar a Igreja se quisermos agradar ao Senhor e participar dos frutos da redenção.

Vigésimo sexto dia

O coração imaculado de Maria

Na Bíblia, o coração expressa todo o compêndio da vida interior do homem, e é por isso que, com frequência, Deus se dirige ao coração para agir profundamente sobre a pessoa inteira; e quando, com o profeta Ezequiel, promete um coração novo, indica uma conversão total a Ele por parte de seu povo, que havia desertado por completo. Por isso, falar do coração de Maria significa acessar sua interioridade, sua relação com Deus e com os homens. A frase, repetida por Lucas, de que Maria guardava os feitos meditando-os em seu coração faz uma menção direta ao coração de Maria; mas esse é apenas o primeiro passo de toda uma caminhada que foi se estendendo ao longo dos séculos e que se expandiu sobretudo nos últimos tempos.

A reflexão patrística sobre o coração de Maria destacou, principalmente com Agostinho, ser ele "o cofre de todos os mistérios", em particular o mistério da encarnação, chegando à afirmação de que "Maria concebeu no coração antes de conceber no ventre". Na Idade Média, desenvolveu-se cada vez mais a devoção ao coração de Maria, que, mais tarde, com São João Eudes (morto em 1680), ganhará uma rigorosa explicação teológica e receberá oficialmente um culto litúrgico. A partir daí, essa devoção ganhou impulso, recentemente marcado por três acontecimentos: em 1830, a Virgem apareceu a Santa Catarina Labouré e pediu-lhe que apresentasse a famosa "medalha milagrosa", que se difundiu pelo mundo em milhões de exemplares e teve os dois corações, de Jesus e de Maria, reproduzidos no verso, unindo-os assim na devoção dos fiéis.

Um segundo acontecimento importante foi a repercussão que teve nos estudos marianos quando, exatamente em 1899 — abrangendo dois séculos —, Leão XIII consagrou o mundo ao Sagrado Coração de Jesus. Na época já se pensava que chegara a hora de fazer também a consagração do mundo ao coração de Maria, posto que o Senhor quis associar à Virgem mãe toda a obra de salvação. Essa consagração não chegou a ser levada a cabo, mas mesmo assim impulsionou a devoção ao coração de Maria e aos estudos sobre essa devoção.

Não há dúvida de que o maior crescimento da devoção mariana foi registrado depois das aparições da Virgem em Fátima, em 1917. Pode-se dizer que, assim como serviram de impulso à devoção ao Sagrado Coração as aparições a Santa Margarida Alacoque, as aparições aos três pastorezinhos de Fátima deram um impulso decisivo à devoção ao coração de Maria. Fazia tempo que se espalhara uma expressão nova. No passado, falava-se apenas do "coração puríssimo" de Maria e outras expressões parecidas. Depois de 1854, ou seja, da proclamação do dogma da Imaculada Conceição, começou a se difundir a expressão "coração imaculado de Maria", que significa "coração da Imaculada". Na aparição de 13 de junho, em Fátima, a Virgem disse: "Deus quer estabelecer no mundo a devoção ao meu coração imaculado." Em seguida, pediu que se consagrasse a Rússia a seu coração imaculado; à beata Alessandrina Maria da Costa (1904-1955) havia pedido que lhe fosse consagrado o mundo. A partir de então, já não podemos contar nos dedos os santuários, paróquias, comunidades religiosas e associações que surgiram com esse título.

Qual é o valor dessa devoção, encaminhada sobretudo para invocar a intercessão de Maria sobre nós? Em primeiro lugar, devemos levar em conta o que nos diz o Concílio Vaticano II: "Mas a função maternal de Maria em relação aos homens de modo algum ofusca ou diminui esta única mediação de Cristo; manifesta antes a sua eficácia. Com efeito, todo o influxo salvador da Virgem Santíssima sobre os homens se deve ao beneplácito divino e não a qualquer necessidade; deriva da abundância dos méritos de Cristo, funda-se na Sua mediação e dela depende inteiramente, haurindo aí toda a sua eficácia; de modo nenhum impede a união imediata dos fiéis com Cristo, antes a favorece" (*LG*, 60).

Tudo isso é muito importante para compreender o significado de Maria para a nossa vida de fiéis. Foi Deus quem quis servir-se livremente de Maria para encarnar-se; quis submeter-se a ela em sua vida mortal; quis associar a si Maria, na obra da salvação; quis continuar a redenção de todos os homens com Maria, para transmitir a cada fiel a vida divina; quis unir a si Maria, na glória celeste, fazendo-a partícipe de sua realeza. Não devemos nos surpreender, pois — como disse a própria Virgem —, que o Senhor deseja que o coração de Maria seja louvado junto com o coração de Jesus. Não se trata de sentimentalismo, mas de um compromisso profundo, que envolve todo o ser. O contrário dessa devoção é o formalismo, esse formalismo que chegou a arrancar de Jesus o lamento: "Este povo somente me honra com os lábios; seu coração, porém, está longe de mim" (Mt 15, 8).

Na história das escolas de espiritualidade, a devoção ao coração de Maria demonstrou ser uma fonte inestimável de vida interior. Assim se deduz da espiritualidade de Helfta, da beneditina, franciscana e dominicana. Mais tarde, é interessante notar como São Francisco de Sales vê, no coração da Virgem, o lugar de encontro das almas com o Espírito Santo; é importante destacá-lo diante daqueles que temem que os devotos de Maria atribuam a ela o papel específico do Espírito Santo.

Por um lado, o coração de Maria compreende todo o mistério de Maria, visto como mistério de graça, de amor, de plena correspondência e dom total que Maria fez de si mesma à humanidade. Por outro lado, não podemos ignorar esses chamados marianos, ocasião para que se desenvolvesse a devoção. Basta pensar em Fátima: além do convite à conversão e à oração, além da lembrança das grandes verdades como aquela recém-revelada, dá-se um destaque particular à Eucaristia (pensemos na comunhão reparadora dos primeiros sábados do mês) e ao impulso de uma generosa reparação. Basta citar, com esse propósito, o estímulo expresso com as palavras: "Rezai, rezai muito pelos pecadores. [...] Pois muitas almas vão para o inferno porque não há quem se sacrifique e reze por elas" (Fátima, 19 de agosto de 1917).

Parece que voltaríamos a ouvir o eco das palavras de Pio XII: "Tremendo mistério, e nunca assaz meditado, que a salvação de muitos depende das orações e dos sacrifícios voluntários, feitos com esta intenção, pelos membros do corpo místico de Jesus Cristo, e da colaboração que pastores e féis, sobretudo os pais e mães de família, devem prestar ao divino Salvador" (*Mystici corporis*, 43). Cooperação com o Salvador! Esse *mistério tremendo* nos mostra que a devoção ao coração imaculado de Maria exalta um amor que salva e que nos convida a participar do mesmo amor salvífico, colaborando com Jesus para a salvação eterna dos irmãos.

Reflexões

Sobre Maria — o coração de Maria simboliza seu amor total, de todo o seu ser, a Jesus e aos irmãos de Jesus, isto é, a todos os seus filhos. O coração da Mãe convida e convence com força e doçura. Honrar o coração da Imaculada significa honrar um coração totalmente puro: do pecado e de toda restrição humana. E nos convida à confiança e à imitação.

Sobre nós — olhando para o coração de Maria não sentimos apenas uma atração que incentiva a confiança; devemos estar, também, dispostos à imitação, a abrir-se a Deus com todo o coração, a seguir as advertências maternas de Maria. E como não se lembrar do coração agonizante de Maria, o coração trespassado de Maria, diante de nossos pecados?

Vigésimo sétimo dia

As aparições marianas

As aparições, em geral, e particularmente as aparições marianas, tão frequentes nesses últimos séculos, nos lembram de seu valor e da ação que devemos adotar com relação a elas. É claro que, aqui, pretendemos falar apenas das aparições sérias e comprovadas, e não da profusão de pseudovidentes, pseudocristãos etc., dos quais nossos tempos estão repletos, que dizem e escrevem rios de mensagens muitas vezes catastróficas (este já é um sinal claro de falsidade), e que portanto não serão objeto de nossa consideração. Existem, porém, as aparições autênticas, sobre as quais é condenável uma atitude prévia de descrença que nada tem a ver com a virtude da prudência, e que podem revelar-se como autênticas intervenções queridas por Deus.

Não só a história da Igreja, mas toda a história sagrada está salpicada de aparições. Convém, pois, ter em mente uma primeira distinção entre as aparições mencionadas na Bíblia, por exemplo a Abraão, a Moisés, aos profetas e a São José (até nos sonhos Deus pode enviar suas mensagens), a São Pedro, a São Paulo... todas elas fazem parte integrante da revelação divina e têm o valor inspirado da Sagrada Escritura.

As aparições extrabíblicas, ainda que sejam oficialmente aprovadas pela autoridade eclesiástica, seguem sendo aparições privadas que nada acrescentam ao patrimônio da fé, e cuja importância é bastante diversificada: para um indivíduo, para uma cidade, para uma situação passageira. Mas podem ter também grande importância do ponto de vista pastoral. Pensemos, por exemplo, nas aparições de Guadalupe, de Lourdes, de Fátima. Convém, no entanto, reiterar, em relação a todas as aparições privadas, que nada acrescentam à revelação pública. O Concílio Vaticano II afirma com determinação esta realidade: "Não se há-de esperar nenhuma outra revelação pública antes da gloriosa manifestação de nosso Senhor Jesus Cristo" (*Dei verbum*, 4). Não há espaço para a chamada "vinda intermediária de Jesus Cristo", sobre a qual tanto falam certos videntes modernos.

Alguns exemplos. Têm uma importância pessoal o crucifixo que falou a São Francisco e muitas aparições a santos, que inspiraram a sua vocação e missão. Foi importante para a cidade de Vicenza (Itália), atacada pela peste, a aparição da Virgem a Vicenza Pasini, em 1476, pois fez iniciar a construção do Santuário de Monte Berico, que segue sendo o santuário mais frequentado de Vêneto. Foi importante para uma região a aparição da Virgem em La Salette, em 1846, na qual a Virgem recordou a seus habitantes o dever de santificar as festas, observar as sextas-feiras e não blasfemar; posteriormente, o santuário ganhou uma importância internacional.

Houve, no entanto, aparições marianas de imensa importância pastoral, que marcaram épocas e perduram no correr dos séculos. Se tivéssemos de decidir quais foram, segundo a nossa compreensão, as aparições marianas mais importantes até agora na história da Igreja, não hesitaríamos em lembrar as de Guadalupe, na Cidade do México, onde, ao que parece, os conquistadores pretendiam impor o cristianismo à força. A Virgem, aparecendo à semelhança de uma menina asteca do lugar, mostrou àquelas populações, especialmente na América Latina, a fé cristã como uma religião revelada também diretamente a elas.

Lembremo-nos, também, das aparições de Lourdes, de 1858, quatro anos antes da definição do dogma da Imaculada Conceição. Nesse caso, o seu valor foi imenso. Acima de tudo, o fato extraordinário da aparição e dos milagres que se seguiram teve o peso de uma resposta do Céu ao racionalismo reinante: foi justamente Deus que confundiu a inteligência dos sábios com a simplicidade de uma menina quase analfabeta, embaixadora da Virgem. A importância pastoral é evidente: cabe até perguntar-se o que teria sido feito da fé na França se não fosse Lourdes.

Por fim, Fátima, que é a grande aparição mariana amada por Deus para iluminar o nosso século obscuro, escurecido pelo ateísmo e pelas guerras. O aspecto religioso é predominante: o convite à oração e à conversão, a lembrança das três grandes verdades do paraíso, do inferno e do purgatório — tudo isso dá a essas aparições uma grande importância pastoral que repercute na vida pública. Em 13 de julho de 1917, disse a Virgem: "A guerra vai acabar [a Primeira Guerra Mundial]. Mas, se não deixarem de ofender a Deus, no pontificado de Pio XI começará outra guerra pior." Fica claro que a Virgem não vem prever desgraças, mas ensinar-nos como evitá-las; e a Segunda Guerra Mundial poderia ter sido evitada. Vale observar, também, que não é Deus que castiga: são os homens que, ao afastar-se de Deus, castigam-se a si mesmos.

A grande mensagem continua: "Se escutam os meus pedidos, a Rússia se converterá e haverá paz. Se não, espalhará seus erros pelo mundo, originando guerras e perseguições à Igreja... No fim, meu coração imaculado triunfará, o Santo Padre me consagrará a Rússia, que se converterá [pensemos no que aconteceu no Leste Europeu depois da consagração do mundo ao Imaculado Coração de Maria, por obra de João Paulo II, em 25 de março de 1984], e concederá ao mundo algum tempo de paz." É uma mensagem de excepcional importância, que prenuncia todo o futuro do século que estava para terminar. "As guerras são causadas pelos pecados dos homens", repetia a pequena Jacinta, reproduzindo a sua grande Mamãe.

Qual o valor dessas aparições? Parece-me que está bem claro: têm conexão direta com o plano da salvação dado à humanidade e têm relação direta com a vida humana, inclusive social, política e econômica. É inútil criar falsas barreiras para relegar a fé às sacristias. Em um mundo que parece dominado pelo sexo, pela violência e pelo erro (basta folhear as páginas dos jornais e assistir aos noticiários), a Virgem convida, num lamento, os seus filhos à oração. Como Jesus, que em sua agonia no Getsêmani, dizia: "Vigiai e orai para que não entreis em tentação" (Mt 26, 41). A mensagem mariana de Fátima também termina com as sentidas palavras: "Que não ofendam mais a Deus, nosso Senhor, que já está muito ofendido."

Reflexões

Sobre Maria — não há dúvidas de que as aparições de Maria, em todos os níveis, sejam aparições de valor privado, sejam de valor universal, façam parte de sua missão de mãe, que Jesus lhe confiou desde a cruz. Seria um erro não colocá-las sempre em relação com as palavras reveladas, das quais são um eco fiel e uma aplicação à atualidade. Não seria, porém, menos equivocado subestimar a sua importância e, com frequência, sua urgência.

Sobre nós — é um equívoco correr de aparição a aparição em busca da última mensagem. Trata-se de uma curiosidade inútil. Devemos escutar as palavras da Virgem como lembrança de seu testamento:

"Fazei o que Ele vos disser", ou seja, como uma lembrança urgente das palavras de Cristo: "Se não vos arrependerdes, perecereis todos do mesmo modo" (Lc 13, 5).

Vigésimo oitavo dia

Eu me consagro a ti

A consagração a Maria exalta uma história muito antiga, ainda que nos últimos anos tenha se desenvolvido cada vez mais. É quase automático, como ponto de partida, voltar a alguns textos bíblicos. Há muitos, mas escolherei dois. São Paulo: "Eu vos exorto, pois, irmãos, pelas misericórdias de Deus, a oferecerdes vossos corpos em sacrifício vivo, santo, agradável a Deus: é este o vosso culto espiritual" (Rm 12, 1); e São Pedro: "Vós, porém, sois uma raça escolhida, um sacerdócio régio, uma nação santa, um povo adquirido para Deus, a fim de que publiqueis as virtudes daquele que das trevas vos chamou à sua luz maravilhosa" (1 Pe 2, 9). Um povo que participa da missão real, profética, sacerdotal de Cristo é, por sua natureza, um povo de consagrados. Por quê, então, consagrar-se a Maria, ou seja, a Deus por meio de Maria? A resposta é óbvia: para compreender e viver a consagração batismal.

Em 25 de março de 1984, João Paulo II renovou a consagração do mundo ao Imaculado Coração de Maria em união com todos os bispos do orbe, que no dia anterior haviam pronunciado as mesmas palavras de consagração em suas dioceses. A fórmula escolhida começa com as palavras da oração mariana mais antiga, que remonta ao século III: "Sob a vossa proteção nos refugiamos..." É interessante lembrar que essa oração já é um ato de confiança em Maria por parte do povo. Com efeito, as consagrações coletivas são antiquíssimas e anteriores às consagrações individuais.

Eis um breve exemplo. É belíssima a consagração de São Ildefonso de Toledo (morto em 667), ainda que o primeiro a usar a expressão "consagração a Maria" tenha sido, posteriormente, São João Damasceno (749). Durante toda a Idade Média há uma competição de cidades e municípios que "se oferecem" a Maria, entregando-lhe muitas vezes as chaves da cidade em cerimônias sugestivas. É no século XVII, porém, que se iniciam as grandes consagrações nacionais: França, em 1638; Portugal, em 1641; Áustria, em 1647; Polônia, em 1656. A Itália tardou — só em 1959 — pois não havia conquistado ainda a unidade nacional e porque as propostas anteriores não haviam sido concluídas. Depois das aparições de Fátima, as consagrações se multiplicaram: lembremos a consagração do mundo, pronunciada por Pio XII em 1942; seguida, em 1952, da consagração dos povos russos, sempre pelo mesmo pontífice. Muitas outras nações se seguiram e quase sempre, como encerramento da *Peregrinatio Mariae*, consagravam-se a seu Imaculado Coração.

A consagração é um ato complexo, que se diversifica em cada caso: uma coisa é quando um fiel se consagra pessoalmente, assumindo compromissos precisos, e outra quando se consagra um povo, toda uma nação ou, inclusive, a humanidade; é justo nesses casos expressar-se de diversas maneiras, como fez Pio XII no fim da primeira consagração do mundo, para a qual usou três verbos: consagro, entrego, ofereço.

Como não há espaço para dizer tudo, limitar-me-ei a uma reflexão sobre a consagração individual, bem explicada teologicamente por São Luís Maria Grignion de Montfort, de quem São João Paulo II foi um ardente seguidor, com seu lema *Totus tuus*, extraído do próprio Montfort — que, por sua vez, o tinha tomado de São Boaventura.

Recordemos dois motivos. O primeiro nos oferece o exemplo do Pai, que nos deu Jesus por intermédio de Maria, confiando-o a ela.

Disso se presume que a consagração consiste em reconhecer que a divina maternidade da Virgem, a exemplo dessa escolha do Pai, é a primeira razão que nos impele à consagração.

O segundo motivo é o exemplo do próprio Jesus, a Sabedoria encarnada. Ele se encomendou a Maria não apenas para receber a carne e o sangue, mas para ser criado, educado e crescer sob o seu olhar em sabedoria, idade e graça. Será que poderíamos encontrar uma educadora melhor do que a que foi escolhida por Jesus?

Acrescentemos algumas consequências, ou seja, os compromissos assumidos.

1. O compromisso de imitar a Maria, que não é apenas mãe do Senhor, mas também a sua mais fiel discípula — aquela que sempre disse *sim*, incondicionalmente. É necessário compreender cada vez mais a Maria para poder imitá-la em suas virtudes, tão gratas a Deus.
2. Temos de obedecer a ela, pois ela nos anima, continuamente, a obedecer a Jesus. Por isso a consagração a Maria faz parte do plano para viver como cristãos. Montfort a identifica com uma renovação dos votos batismais; por isso é uma renovação de nossa fidelidade a Deus, a exemplo e com a ajuda da Virgem.
3. Consagrar-se é acolher Maria em nossa vida, seguindo o exemplo de João. Maria levou muito a sério a sua maternidade sobre nós: trata-nos como filhos, provê a todos como filhos. A nós cabe reconhecer essa maternidade espiritual, acolher Maria em nossa vida de fiéis e tornar essa presença ativa, favorecendo sua ação sobre nós.
4. Não se pode acolher Maria se não acolhemos os irmãos, também filhos de Maria. Não podemos acolher Maria e sentirmo-nos seus filhos se não acolhemos a Igreja e não nos sentimos filhos

da Igreja. Certas frases tão difundidas, como "Creio em Deus, mas não creio nos padres"; "Aceito a Cristo, mas não aceito a Igreja", não fazem sentido sobretudo para quem se consagra a Maria, Mãe da Igreja. O novo mandamento não se limita a prescrever que amemos ao próximo como a nós mesmos, mas exige: "Amai-vos uns aos outros, como eu vos amo" (Jo 15, 12). Não se ama a mãe se não se ama a todos os seus filhos.

5. E um pensamento conclusivo: consagramo-nos a Maria, entre outras coisas, porque confiamos em sua poderosa intercessão. É Deus quem a fez tão grande e poderosa em nosso benefício. Sabemos quão frágeis somos: encomendemo-nos então a Maria, para que reze por nós "agora e na hora de nossa morte": os dois momentos mais importantes de nossas vidas.

Vemos, pois, que a devoção a Maria não consiste — como infelizmente acontece com muitos — simplesmente em recorrer a ela quando passamos por alguma necessidade. Não se ama alguém se só recorremos a ela quando queremos pedir algo.

Parece-me que essa breve explicação pode nos servir de ajuda. Sigamos os conselhos de Montfort e comecemos vivendo ainda que o primeiro passo da consagração: fazer tudo *com Maria*. Veremos que a nossa vida mudará totalmente em poucos dias.

Reflexões

Sobre Maria — todos os títulos de Maria e as relações com ela têm o foco em sua maternidade para com Jesus e para conosco. Se ela pediu que lhe consagrassem o mundo, a Rússia e seus povos, é porque assim deseja o Senhor: consagrados a ela, guia-nos ao amor de Jesus, a observar as suas palavras. Vemos nisso um grande bem tanto para os indivíduos como para a sociedade humana.

Sobre nós — não pensemos que somos mais inteligentes que o Pai, que confiou seu Filho unigênito a Maria. Esse é um claro exemplo do caminho a seguir. Reflitamos sobre as razões e os compromissos da consagração para renová-la e vivê-la plenamente. Por sua natureza, a consagração não é um ato isolado, mas uma tarefa a ser vivida dia após dia.

Vigésimo nono dia

Uma corrente de Ave-Marias

Ao começar a falar do rosário, o pensamento imediatamente se dirige à definição que o próprio Paulo VI deu: "Resumo de todo o Evangelho." A característica fundamental dessa oração é a de ser, ao mesmo tempo, oração e meditação dos principais mistérios cristãos. Por isso a Virgem propõe, em Fátima, o rosário como antídoto contra o ateísmo: o homem atual tem mais necessidade do que nunca de rezar e meditar as grandes verdades elevadas. Não nos surpreendamos, consequentemente, diante da insistência dos pontífices em recomendar essa oração (pensemos, por exemplo, nas 12 encíclicas sobre o rosário de Leão XIII) e que ela seja tão mencionada nas aparições de Lourdes ou Fátima. João XXIII, com seu comportamento gentil e simpático, afirmava: "Filhinhos, o dia do papa não terminou se ainda não rezou os 15 mistérios do rosário."

O rosário nasceu de repente; é fruto de uma lenta evolução, e o compreenderemos melhor se recorrermos à sua longa história de cinco séculos, do século XII ao XVII. Inicia-se no século XII, quando se difunde a primeira parte da Ave-Maria. Anteriormente, recitava-se somente a saudação angelical (temos a prova disso em um responso do século VI), mas não com a frequência que teve depois. Por sua vez, os monges recitavam os 150 salmos da Bíblia, assim como ainda é feito na Liturgia das Horas. Os coirmãos leigos, que muitas vezes nem sabiam ler, rezavam 150 Pai-nossos em vez dos salmos, e para ajudá-los na contagem usavam-se coroas com 150 contas. Vale a pena notar que o uso de coroas para contar as orações já estava em voga entre os cristãos e em outras religiões muitos séculos antes de Cristo. Quando, na segunda metade do século XII, os Pais-nossos foram substituídos por Ave-Marias, nascia o Saltério mariano.

A segunda parte da Ave-Maria começou a ser rezada apenas no final do século XV; e o cartuxo Enrique de Kalkar teve a feliz ideia de subdividir as 150 Ave-Marias em 15 dezenas, intercaladas por um Pai-nosso. Essa oração se foi difundindo cada vez mais, multiplicando as irmandades do rosário. Pouco depois começou-se a acompanhar a reza do rosário com a meditação de episódios evangélicos. Coube ao dominicano Alano de la Roche (morto em 1478) o mérito de ter batizado o Saltério da Virgem de "Rosário da Bem-aventurada Virgem Maria", nome que o acompanha até hoje. Também foi mérito seu a subdivisão em três partes de cinco dezenas cada uma, e foi ele mesmo que sugeriu que se refletisse sobre os mistérios da encarnação, paixão e glorificação de Cristo e Maria. Por fim, São Pio V, em 1569, escreveu o primeiro documento pontifício que deu reconhecimento ao rosário.

Foi assim que, através dessa evolução de cinco séculos, o rosário foi consolidado como oração e meditação. Nós nos distraímos muito, especialmente quando rezamos. Corremos assim o risco de reduzir o rosário a uma repetição automática de Ave-Marias, enquanto a mente divaga por conta própria, absorta em pensamentos muito distintos dos mistérios anunciados. Por isso, devemos nos propor um sério compromisso de devolver ao rosário a sua dignidade e eficácia. Quando o rezamos em grupo, devemos seguir um ritmo único, sem correr ou desacelerar, como se faz em uma canção coletiva. Porém, quando o rezamos sozinhos, é aconselhável um ritmo lento, contemplativo. É verdade que as dezenas seguem um sistema repetitivo, e é exatamente isso que torna mais necessária a meditação dos mistérios.

Bernadette se sentia feliz quando, ao rezar o rosário na gruta nos dias das aparições, via que a Virgem ia passando com ela as grossas contas de seu rosário. Ainda que não a vejamos, pensemos que ela está sempre ao nosso lado. O rosário, por outro lado, é uma oração tão humilde que se adapta a todas as possibilidades. O melhor é quando podemos rezá-lo com calma na igreja ou em casa, mas ele pode também preencher o nosso tempo livre na viagem de ônibus, caminhando na rua, dirigindo ou na sala de espera. Rezando-o sozinhos, rezamos por todos; se estamos em grupo, o próprio rosário, formado por contas unidas por um único fio, nos convida à união de espíritos.

O ritmo da vida atual acabou com a unidade familiar: passam pouco tempo juntos e às vezes, inclusive nesses momentos, nem sequer se falam, pois é a televisão que tem o que dizer... Pio XII insistia na retomada do rosário em família: "Se rezais o rosário todos juntos, desfrutareis da paz em vossas famílias e tereis a concórdia em vossas casas." "Família que reza unida permanece unida", repetia por todos os lados o americano Patrick Peyton, incansável apóstolo do rosário em família. E São João Paulo II recorda: "Nosso coração pode encerrar, nessas dezenas do rosário, os fatos que acompanham a vida da família, da nação, da Igreja, da humanidade. O rosário marca o ritmo da vida humana."

É também a oração da paz, a oração que abraça a todo o mundo. Outro grande apóstolo do rosário de nosso tempo, o bispo Fulton Sheen, havia idealizado uma coroa de cinco cores, que segue sendo bastante usada: uma dezena de contas verdes para recordar a África, famosa por seus verdes bosques; uma dezena para a vermelha América, habitada por muito tempo pelos peles-vermelhas; uma dezena branca para a Europa, em homenagem ao hábito do papa; uma dezena azul para a Oceania, imersa no azul do Pacífico; uma dezena amarela para o imenso continente asiático. Assim, no final da coroa do rosário, todo o mundo foi abraçado.

O homem de hoje precisa mais do que nunca de pausas de silêncio e reflexão. Neste mundo cheio de ruídos, precisamos de silêncio para rezar. Se acreditamos no poder da oração, estamos convencidos de que o rosário tem mais força do que uma bomba atômica. É uma oração que compromete e demanda muito tempo, não dá para negar; ao passo que estamos acostumados a fazer as coisas depressa, especialmente quando se trata de Deus... O rosário poderia nos ajudar a superar esse risco do qual Jesus advertia Marta, irmã de Lázaro: "Te preocupas com muitas coisas, no entanto, uma só coisa é necessária." Nós também corremos o mesmo risco: nos preocupamos e inquietamos por tantas coisas e esquecemos a única coisa que importa — a nossa relação com Deus. O fundador da Família Paulina, o beato Padre Santiago Alberione, costumava repetir a seus filhos e filhas: "Somos substituíveis em tudo, menos em uma coisa: em salvar a nossa alma, em nos santificarmos. Ou pensas nisso, ou ninguém pode pensá-lo por ti." É hora de abrir os olhos.

Reflexões

Sobre Maria — no rosário, afirmava Paulo VI, meditamos os mistérios de Jesus em companhia daquela que mais pensou sobre eles e mais os divulgou. A formação dessa oração contribuiu com a sua riqueza. Meditemos sobre a Ave-Maria, palavra por palavra, dirigindo-nos a Maria com o amor de filhos e fazendo-a experimentar novamente a alegria que sentiu ao ouvir as palavras de Gabriel ou Isabel, e que a estimulam a nos ajudar na súplica acrescentada pela Igreja.

Sobre nós — perguntemo-nos se compreendemos a importância e a riqueza do rosário. Com que empenho e com que frequência o rezamos? É hora, quem sabe, de fazermos um propósito concreto. Para o Padre Pio, assim como para muitos outros santos, a coroa do rosário era a arma (assim ele a chamava) para derrotar o inimigo.

Trigésimo dia

Mediadora de todas as graças

Na época anterior ao Concílio Vaticano II, que se encerrou na primavera de 1960, quase quinhentos bispos e prelados haviam pedido que se definisse a mediação universal de Maria, mas prevaleceu a decisão de não promulgar nenhum dogma novo. Em 1921, o cardeal Mercier havia apresentado ao papa uma petição nesse sentido, obtendo imediatamente uma missa e ofícios próprios para as dioceses da Bélgica. O último chamado oficial foi feito pelo cardeal Confalonieri, em nome do capítulo de Santa Maria Maior, em 2 de março de 1984. A resposta do cardeal Ratzinger, depois Bento XVI, no sentido de que não achava necessário um pronunciamento tão solene, é interessante por sua motivação: "A doutrina sobre a mediação universal de Maria santíssima já se encontra devidamente proposta nos diversos documentos da Igreja." Ou seja: é doutrina segura e ensinada oficialmente.

Com essas premissas não pretendemos defender uma causa já superada, mas apenas exemplificar esse título mariano. Toda a história da Igreja nos mostra que o recurso à intercessão de Maria foi constante em todas as circunstâncias da vida, desde a mais antiga oração mariana da qual falamos, *Sob a vossa proteção*, até as antífonas e invocações da liturgia e os testemunhos populares dos ex-votos, atualmente tão valorizados.

O título de "mediadora" dado a Maria remonta pelo menos ao século VI e se espalhou sobretudo durante o século XII. É conhecido o ensinamento de São Bernardo: "Veneramos a Maria com toda a força de nosso coração, de nossos afetos e de nossos desejos. Assim o deseja Aquele que estabeleceu que tudo receberíamos por meio de Maria."

Não há dúvida de que o único mediador entre o homem e Deus é Jesus e que "... ninguém vem ao Pai senão por mim" (Jo 14, 6). Devemos, porém, entender o sentido exato das palavras para não sermos fetichistas. Cada vez que usamos um adjetivo para Deus e para um homem — ainda que a palavra seja a mesma —, ele é usado com significado diverso.

Vejamos um exemplo: o típico atributo divino, exclusivo de Deus, é a santidade: só Vós sois santo, só Deus é santo. Isso não nos impede de chamarmos santos a Paulo, Pedro, Francisco... Porém, a palavra tem outro significado. Deus é santo em sentido absoluto, originário, perfeito; também poderíamos dizer que Deus é a santidade. Paulo é santo em sentido relativo, limitado, derivado, dependente da santidade de Deus, da qual se faz partícipe por dom divino. Nunca poderemos dizer que Paulo é a santidade. Compreendida essa diferença, poderemos continuar dizendo que só Deus é santo e que Paulo é santo: o significado é diferente, e não há nenhuma contradição nisso.

Podemos fazer a mesma relação entre a perfeição de Deus e a sua misericórdia, dado que o Senhor nos convida a ser santos, perfeitos e misericordiosos como o Pai. Fazendo referência a Deus, trata-se de atributos absolutos e originários, pelo que poderíamos dizer que Deus é a perfeição ou a misericórdia. Relacionados a um homem, têm um valor limitado, dependente: são uma participação dos atributos divinos concedida pela graça de Deus. O mesmo conceito vale para o atributo "mediador": referido a Jesus tem um valor absoluto, originário, exclusivo. Referido a um homem tem um valor limitado, subordinado, partícipe. Assim, a palavra "mediadora", atribuída a Maria, deixa de nos assustar: tem um sentido relativo e subordinado, como participação na única mediação de Cristo. Certamente, devido à missão universal de Maria, tem uma dimensão que ultrapassa toda criatura humana.

À luz desses conceitos, não só não hesitamos em chamar a Maria "mediadora de todas as graças", como chamamos mediadores também aos apóstolos, aos missionários, a todos os que pregam ou dão testemunho do Evangelho. São mediadores os párocos, os pais que educam os seus filhos na fé cristã e os catequistas. É mediador todo aquele que faz qualquer tipo de apostolado, inclusive nessa forma preciosa e oculta que é o apostolado da oração e do sofrimento. Está claro, em todos os casos, que se trata de uma forma de mediação subordinada e dependente da de Cristo, que não deixa de ser o único mediador, mesmo havendo outros partícipes dessa sua prerrogativa.

São conceitos que o Concílio Vaticano II expõe com clareza principalmente em relação a Maria, e pode-se dizer que, mesmo que o Concílio não tenha proclamado o dogma da mediação universal de Maria, expressou todos os princípios sobre os quais se fundamenta. Com efeito, diz que "a mediação única do Redentor não exclui, antes suscita nas criaturas cooperações diversas, que participam dessa única fonte. Esta função subordinada de Maria, não hesita a Igreja em proclamá-la; sente-a constantemente e inculca-a aos fiéis, para mais intimamente aderirem, com esta ajuda materna, ao seu mediador e salvador" (*LG*, 62).

A extensão dessa participação de Maria à mediação de Cristo é proporcional à participação que ela teve na obra do Redentor e à missão de mãe nossa que segue desempenhando. Santos e teólogos insistem em que por Maria tivemos Cristo, fonte de toda a graça; por isso recebemos também todas as graças que nos vêm através dela. A maternidade divina, convém recordar, é a principal fonte de toda a obra de Maria e, portanto, também de sua mediação.

A missão que Maria está desempenhando agora para com a humanidade é resumida assim pelo Concílio Vaticano II: "elevada ao céu, não abandonou esta missão salvadora, mas, com a sua multiforme intercessão, continua a alcançar-nos os dons da salvação eterna". E continua: "Cuida, com amor materno, dos irmãos de seu Filho [...] até chegarem à pátria bem-aventurada" (*LG*, 62). São expressões muito claras, que possibilitam que chamemos Maria de "mediadora de todas as graças", quando foi compreendido seu significado de dependência e participação na mediação única de Cristo. Justamente por isso o povo cristão sempre recorreu a Maria em todas as suas necessidades.

Reflexões

Sobre Maria — os títulos marianos não ofuscam, mas destacam a missão de salvação e de graça que vem de Cristo. Os textos oficiais da Igreja contêm com clareza os fundamentos pelos quais chamamos Maria de "mediadora de todas as graças". Além dos trechos do Concílio Vaticano II aos quais nos referimos, lembremos: *Adiutricem Populi*, de Leão XIII (1895); *Ad diem illum*, de São Pio X (1904); *Miserentissimus*, de Pio XI (1928), e a mensagem radiofônica de Pio XII de 13 de maio de 1946.

Sobre nós — compreender a extensão e os limites dos títulos marianos. Não temer nunca, ao louvar a Maria, estar tirando algo de

Jesus; ao contrário: glorifica-se a fonte de todos os dons recebidos de Maria. Invocar a Virgem com confiança; o fato de ela intervir em todas as graças não é uma dificuldade maior, mas uma ajuda superior para obtê-las.

Trigésimo primeiro dia

Mãe que reúne a família

"Eu sou o bom pastor. O bom pastor expõe a sua vida pelas ovelhas. [...] Tenho ainda outras ovelhas que não são deste aprisco. Preciso conduzi-las também, e ouvirão a minha voz e haverá um só rebanho e um só pastor" (Jo 10, 11-16). Eis o grande sonho de Jesus: um único rebanho, como há apenas um Senhor, uma única fé e um único batismo. Hoje em dia, o problema do ecumenismo, da unidade dos cristãos, é um tema que segue vivo, ainda que de difícil solução. O Senhor rezou para que sejamos uma coisa só, como Ele e o Pai, e que essa união seja a razão para fazer o mundo crer em Jesus Cristo (cf. Jo 17, 21). Por outro lado, no entanto, os cristãos estão escandalosamente divididos. Como isso é possível?

No tempo de Nestório registrou-se uma pequena cisão: o Concílio de Éfeso se pronunciou sobre a pessoa de Jesus e de Maria no ano de 431, mas os nestorianos ainda existem em nossos dias. Em 1054 aconteceu o grande cisma do Oriente ortodoxo, por razões que hoje não conseguimos compreender. Depois de quase quinhentos anos, em 1517, houve a grande cisão da Reforma Protestante, seguida pouco depois, em 1534, pela cisão dos anglicanos. Desde então as divisões são incontáveis, criando abismos ainda mais profundos, agravados por guerras, perseguições e discriminações. Uma babel, diante da qual perguntamos: Esses são os cristãos? Os filhos de Cristo?

Hoje busca-se a aproximação, o diálogo. É famoso o encontro do papa Paulo VI com o patriarca Atenágoras, depois com o primado da Igreja anglicana e, por último, com o Conselho Ecumênico das Igrejas. Parece que apenas o papa pede perdão a todos pelos erros do passado. Lembremo-nos das inumeráveis desculpas expressas por São João Paulo II. É um grande feito que apenas ele, com sua elevação espiritual, tenha reunido todas as religiões em Assis. O mesmo fez e fomentou Bento XVI.

No entanto, sem muita oração e conversão por parte de todos, como indica o Concílio Vaticano II, nunca se chegará à unidade — por isso a Oitava de oração pela unidade, que tem sido feita a cada ano de 18 a 25 de janeiro, nos parece uma das ideias mais bonitas e frutíferas. Porém, mesmo quando há encontros, as dores da divisão ainda se manifestam. Lembro, já no distante 1984, uma peregrinação de anglicanos a Lourdes: fez-se a oração em conjunto, mas depois, durante a celebração eucarística, os anglicanos se limitaram a assistir com compostura ao ritual católico, sem participar dele. Que tristeza!

Qual é o papel de Maria no movimento ecumênico? Mãe da unidade ou motivo de divisão? Leão XIII afirmava sem dúvidas: "A razão da união dos cristãos deve-se especificamente ao ofício da maternidade espiritual de Maria." Porém, é isso mesmo? Aparentemente notam-se endurecimentos e concepções tão distantes que parecem não ter solução. Se, além disso, vamos um pouco mais fundo, vemos que as verdadeiras diferenças têm relação não tanto com Maria, mas com a concepção da Igreja, o papel do papado e a interpretação das Sagradas Escrituras, que, deixada à liberdade individual, pode se transformar em instrumento de perdição, como adverte São Pedro (cf. 2 Pe 3, 16).

É significativo que todo o mundo protestante, diante de um pontificado marcadamente mariano como o de João Paulo II, tenha se sentido obrigado a reestudar a imagem de Maria. Para muitos, foi uma feliz redescoberta o comentário de Lutero ao *Magnificat*. No mundo protestante, pesa, sobretudo, a barreira do silêncio acerca da figura de Maria. Assim afirmava claramente um calvinista tão aberto como o irmão Roger Schultz, fundador de Taizé: "Depois de quatro séculos de divisão, a conspiração do silêncio mantido em relação a Maria torna impossível qualquer encontro. No início da Reforma não havia essa conspiração de silêncio." É um silêncio que está sendo superado lentamente, sobre a base comum da Bíblia. O caminho, porém, é longo. Não é como quando vários partidos políticos fazem acordos para formar um governo: um cede um pouco, outro, mais um pouco, para chegarem a um programa comum. Nesse caso trata-se de algo muito diferente e as estratégias não têm vez.

A via da união parte da certeza de que é Cristo quem a deseja. Os colóquios permitem muitos esclarecimentos porque, depois de séculos de separação, cada um está cercado de preconceitos sobre os outros, atribuindo-lhes ideias que não têm e ignorando realidades que existem. Quando, falando a católicos, dizíamos que entre os protestantes há monastérios de monjas (as "Irmãs de Maria", por exemplo) e monastérios beneditinos e franciscanos, os ouvintes escutavam estupefatos, sentindo coisas que jamais poderiam imaginar. O mesmo acontece quando se fala de Maria aos protestantes, naturalmente com base nas Sagradas Escrituras. Apesar disso, há cada vez mais famílias protestantes rezando em santuários marianos.

A postura dos protestantes com relação a Maria é bastante diferenciada. Desde os primeiros tempos, há diferenças entre Lutero, Calvino e Zuínglio. Podemos repetir que, como máxima, não há dificuldades com relação aos primeiros dogmas marianos anteriores a qualquer cisão: Maria, mãe de Deus e sempre Virgem. Os dogmas mais recentes são negados ou deixados à interpretação livre. A diferença é maior, no entanto, em relação ao culto, que os protestantes já abandonaram há muitos e muitos séculos. Confessemos também que, mesmo da parte católica, o culto à Virgem deve ser cada vez mais depurado de elementos que o deterioram e, muitas vezes, o desfiguram, como o fanatismo e o fundamentalismo.

Concluímos com as palavras otimistas de Paulo VI: "A piedade para com a Mãe do Senhor torna-se, deste modo, sensível aos anelos e aos escopos do Movimento ecumênico, quer dizer, adquire também ela um caráter ecumênico. E isso, por vários motivos. Antes de mais nada, porque os fiéis católicos se unem aos irmãos das Igrejas ortodoxas, nas quais a devoção à bem-aventurada Virgem Maria se reveste de formas de elevado lirismo e de doutrina profunda, ao venerar, com particular amor, a *Theotokos*, e ao aclamá-la como 'Esperança dos cristãos'; se unem aos Anglicanos, cujos teólogos clássicos já colocavam em evidência a sólida base escriturística do culto à Mãe de Nosso Senhor, e cujos teólogos contemporâneos frisam ainda mais a importância do lugar que Maria ocupa na vida cristã; se unem, enfim, aos irmãos das Igrejas da reforma, entre os quais floresce vigorosamente o amor pelas Sagradas Escrituras, que os leva a glorificarem a Deus com as próprias palavras da Virgem" (*Marialis cultus*, 32). O documento de Paulo VI se encerra afirmando que o culto à Virgem é a via que conduz a Cristo, fonte e centro da comunhão eclesial.

Reflexões

Sobre Maria — o verdadeiro conhecimento de Maria conduz à unidade; toda mãe é fonte de união entre os membros de uma mesma família.

A unidade é um dom de Deus que há de incorporar-se por meio de muita oração; e para isso é preciso pedir, incessantemente, a intercessão de Maria.

Sobre nós — é preciso sentir esse problema em nível geral, e não considerá-lo como questão de especialistas. Por parte dos fiéis será útil rezar com esse fim, informar-se sobre os passos que são dados, participar o mais intensamente possível na Oitava anual de oração e olhar com amor todos os seguidores de Cristo, compartilhando o seu anseio: que se faça um só rebanho, sob os cuidados de um só pastor.

Convidamos os leitores, por fim, a repetir a oração do irmão Schultz: "Ó Deus, quisestes fazer da Virgem Maria a imagem da Igreja. Ela recebeu a Cristo e o entregou ao mundo. Enviais sobre nós o Espírito Santo para que logo estejamos unidos em um só corpo e manifestemos a Cristo entre aqueles que não podem crer."

Direção editorial
Daniele Cajueiro

Editor responsável
Hugo Langone

Produção editorial
Adriana Torres
Laiane Flores
Juliana Borel

Revisão de tradução
Thadeu Santos

Revisão
Daniel Dargains
Perla Serafim

Diagramação
Alfredo Loureiro

Este livro foi impresso em 2025, pela Vozes, para a Petra.
O papel do miolo é Avena 70g/m^2 e o da capa é cartão 250g/m^2.